dtv

»Es gibt kein Rentenalter für die Liebe.« Heleen und Anne, die beiden »Seniorinnen«, kennen keine Tabus. Freimütig sprechen sie in ihrem neuen Buch über eigene Erfahrungen mit dem Altwerden im Zeitalter der Computer. Die beiden geistig jung gebliebenen Schreiberinnen begegnen sich selbst und ihrer Umwelt mit verständnisvollem Humor. Und sie verhelfen jüngeren Leuten zu manch überraschender Erkenntnis über die angeblich »schrulligen« Alten.

Anne Biegel und *Heleen Swildens* sind zwei niederländische Journalistinnen, die über vierzig Jahre lang zusammen gearbeitet haben. Der erste Teil ihres Briefwechsels ist 1989 unter dem Titel ›Wo ist denn meine Brille?‹ in deutscher Sprache erschienen, der zweite Teil 1990 unter dem Titel ›Mitreden ist Gold‹.

Anne Biegel
Heleen Swildens

Lust und Plage
der späten Tage

Neue Briefe der Autorinnen von
›Wo ist denn meine Brille?‹

Aus dem Niederländischen
von Hanne Schleich

Deutscher Taschenbuch Verlag

Von Anne Biegel und Heleen Swildens
sind im Deutschen Taschenbuch Verlag erschienen:
Wo ist denn meine Brille? (25100)
Mitreden ist Gold (25107)

Ungekürzte Ausgabe
September 1998
3. Auflage Juni 2000
Deutscher Taschenbuch Verlag GmbH & Co. KG,
München
www.dtv.de
© 1995 Uitgeverij J. H. Gottmer/H. J. W. Becht b.v.
2060 AD Bloemendaal
Titel der niederländischen Originalausgabe:
›Verlengd bestaan‹
© 1996 der deutschsprachigen Ausgabe:
Eugen Salzer-Verlag, Heilbronn
Umschlagkonzept: Balk & Brumshagen
Umschlaggestaltung unter Verwendung eines Gemäldes
von Johan Laurentz Jensen
Gesetzt aus der Stempel Garamond 12/14˙ (WinWord 6.0)
Gesamtherstellung: C.H.Beck'sche Buchdruckerei,
Nördlingen
Gedruckt auf säurefreiem, chlorfrei gebleichtem Papier
Printed in Germany · ISBN 3-423-25145-X

Manchmal
in dunkler Nacht
war mir zumut',
als sei ich eine altgeword'ne Blume –
müd' vom Sonnenlicht,
des Blühens und des Reifens herzlich leid,
der rauhen Winde überdrüssig
und des kalten Regens,
der mich schaudern macht …

Doch mich ergeben wollt' ich nicht.
Noch nicht –

Hanne Schleich
(frei nach Anne Biegel)

Liebe Ann –

es wird so vieles ganz anders, und trotzdem denke ich manchmal: Hat es sich denn wirklich verändert gegenüber damals – oder ist es inzwischen nur »alt« geworden?

Ich habe zahllose Meilensteine hinter mir gelassen und bin dennoch dasselbe Wesen wie früher. Wenn ich einen Augenblick Zeit zum Nachdenken finde (am liebsten in gemütlich sitzender Stellung), kann ich mir alles wieder vergegenwärtigen – ja, richtig Revue passieren lassen: Menschen, Häuser, Straßen ... Ich amüsiere mich selber darüber, aber ich kann mich wirklich in die Vergangenheit zurückträumen oder ins »Früher« entschweben und die verlorengeglaubten Gefühle wieder aufleben lassen – sogar die Schwärmerei für meine papierenen Helden. So schmökerte ich neulich in den geliebten alten ›Pickwick Papers‹[*] und empfand dabei dieselbe heimliche, ein wenig verschämte Verehrung für Sam Weller, Pickwicks närrischen Diener.

---

[*] ›The Pickwick Papers‹, illustriertes Monatsblatt von Charles Dickens, herausgegeben 1837/38. Deutscher Titel: ›Die Pickwickier‹, Buchausgabe: F. W. Wendel-Verlag, Meersburg

Na gut: Man schleppt seinen Körper so durchs Leben – wohl wissend, daß er nicht mehr taufrisch und zudem vom Zahn der Zeit sichtbar angenagt ist; um sich laufend in Erinnerung zu bringen, zwickt und zwackt er einen – aber das Kuriose dabei ist, daß man ihn hin und wieder einfach vergißt. Meine Schwester zum Beispiel: Sie hat sich immer viel Mühe mit dem Arrangieren von Festlichkeiten gemacht; sie hat Lieder und Sketche getextet, Regie geführt oder auch mal selbst kleinere Theaterrollen gespielt und was-weiß-ich-sonst-noch-alles inszeniert. Als sie kürzlich vom Vorstand eines Vereins, der ihr sehr am Herzen liegt, um die Übernahme der Organisation eines Festprogramms gebeten wurde, sagte sie natürlich begeistert zu. Sie war bereits mitten in der Planung und hatte auch für sich selbst eine Rolle eingebaut, wollte sogar mit den jüngeren Mitgliedern einen Tanz einüben, als ihr siedendheiß einfiel, daß sie auf ihren kurz zuvor operierten Hüften nicht einmal richtig stehen konnte.

Bei mir ist es das Hörvermögen. Es läßt stark nach; komischerweise übrigens mit erheblichen Unterschieden – und genau das vergesse ich immer wieder. Also suche ich mir, wie es von jeher meine Gewohnheit ist, bei einer Autorenlesung oder Theatervorstellung einen Platz zuhinterst im Saal und stelle – natürlich viel zu spät – fest, daß ich vom Text so gut wie nichts verstehen kann. Ähnlich ergeht es mir bei Fußwanderungen.

Ich studiere wundervoll bunte, verheißungsvolle Anzeigen über Rundreisen durch Länder, die ich immer schon gern mal besuchen wollte, überschlage im Geiste, ob ich es mir finanziell leisten kann, und dann kommen mir urplötzlich Bedenken, ob ich meinem Alter so was überhaupt zumuten darf: rein in den Bus, raus aus dem Bus – von einer Sehenswürdigkeit zur anderen traben, ziellos umherschlendern, auf der Stelle treten, endlos warten …

Als hätte ich es nicht schon mehrfach erlebt, daß Leute, die offensichtlich viel jünger und kräftiger sind als ich, während einer solchen Tour zusehends altern!

Nein: »so was« darf ich mir nicht mehr antun.

Natürlich wäre es schöner, wenn wir in unserem Alter – vorausgesetzt, daß uns nichts fehlt – all diese Dinge noch tun könnten. Daß wir aber davon träumen, ist der Beweis dafür, daß weder unser Gedächtnis noch unsere Phantasie bereits abgestorben sind.

Ist dies nun so etwas wie ein trauriger Abgesang?

Wenn man es aus der Sicht betrachtet, als alles noch möglich war – aus unserem eigenen Jugendland, als wir uns nicht vorstellen konnten, eines Tages vor ganz normalen Dingen oder Tätigkeiten zurückzuschrecken: Ja. Andererseits – das heißt: diesseits der inzwischen fast unbemerkt überschrittenen Scheidegrenze – hat man sich längst daran gewöhnt, daß eine ganze Reihe von Möglichkeiten einfach verschwunden ist; sie haben uns verlassen – sie meiden uns.

»Und damit willst du dich nicht abfinden«, sagte jemand, dem ich diesen albernen Sermon kürzlich auftischte.

Aber so meine ich es wirklich nicht. Solange ich mich auf dem Boden der Tatsachen befinde, nehme ich Realitäten auch an. Im Reich meiner Gedanken aber, in dem ich zuweilen – von körperlichen Mißhelligkeiten nicht beschwert – herumschweife, spielen die Beschränkungen meiner Leistungsfähigkeit keine Rolle; ich lasse mich frohgemut treiben.

Um mich plötzlich doch wieder mit einem Problem beschäftigt zu finden:

Es gibt Leute, die sich noch in fortschreitendem Alter der körperlichen Liebe widmen (vor ein paar Tagen hörte ich von einem fünfundneunzigjährigen Liebhaber): Könnte es sein, daß auch sie ihr Alter im entscheidenden Augenblick einfach vergessen und sich in der begeisterten Erwiderung ihres Begehrens auf wundervolle Weise bestätigt fühlen?

Ich jedenfalls halte es für einen Fortschritt, daß heutzutage nicht mehr so hämisch über die Liebe, selbst in hohem Alter, hergezogen wird.

Deine Heleen

p. s.: Vernunft und Phantasie sind zwei unterschiedliche Elemente.

Mein ausgeprägter Sinn für die Wirklichkeit hat mich wahrscheinlich schon oft in meinem Leben davor bewahrt, in gefährliches Fahrwasser zu geraten.

Wäre aber die Vernunft mein einziger Kompaß gewesen: ich hätte an der erbarmungslos langweiligen Nüchternheit des Alltags längst Schiffbruch erlitten.

Liebe Taube –

als ich las, was du über das Land schriebst, darin alles noch möglich war – deine Jugend, da dachte ich unwillkürlich an das junge Paar, das mich vor Jahren einmal zum Essen einlud, um die »alte Tante« ein wenig zu interviewen: Wie es sich mit dem Altsein so lebe, mit all den Erschwernissen und mit der Tatsache, daß man einfach nicht mehr so könne, wie man möchte ...

Ich hab' dir schon einmal erzählt, wie schwierig es war, ihnen verständlich zu machen, was beim Altwerden nun wirklich mit einem geschieht. Seit damals habe ich mich zunehmend intensiv mit diesen Fragen befaßt, und das gilt auch für die immer noch eintrudelnden Reaktionen auf unser erstes Buch, ›Wo ist denn meine Brille?‹*.

Erst letzte Woche erhielt ich den Brief einer Leserin; sie schrieb: »›*Im Kühlschrank ...‹ – das ist noch gar nichts! Letzthin kam mir die Geschichte einer Krankenhauspatientin zu Ohren: Als sie nach einer Operation im fremden Bett erwachte und verzweifelt nach ihrer Brille herumtastete, bekam sie von der zu Hilfe herbeigerufe-*

---

* niederld. Originaltitel: ›M'n bril in de ijskast‹ (Gottmer) (Meine Brille lag im Kühlschrank)

nen Pflegerin zu hören: ›Aber liebe Frau, die sitzt doch auf Ihrer Nase ...‹«

Ach ja, solche Albernheiten widerfahren uns in der Tat immer wieder. Wir lachen darüber, aber das Tragische ist, daß wir es uns nicht – nein: nicht *mehr* abgewöhnen können. Es vergeht fast kein Tag, an dem man sich nicht bei einer solchen »Dummheit« ertappt und darüber ärgert.

Dennoch: Altwerden ist nicht für jedermann dasselbe. Ich habe es den beiden jungen Leuten, die so wißbegierig zu ergründen suchten, was sich in einem greisen Haupte so alles tut, zu erklären versucht: daß alles davon abhängt, was in einem lebt und wieviel Grütze man im Kopf hat.

Ich möchte gern wissen, ob du – seitdem wir uns so viel mit dem Altsein beschäftigen – das auch schon einmal festgestellt hast: daß Leute, die brotnüchtern im Leben stehen und die Dinge ohne sichtbare Zeichen der Anteilnahme über sich ergehen lassen, die nur sich selbst kennen und deren menschliche Kontakte über einen engbegrenzten Kreis nicht hinausgehen, sich mit fortschreitendem Alter immer verlorener fühlen. Sie rosten ein, in ihrem Innern bewegt sich zu wenig.

In deinem und meinem Innenleben wimmelt es wie in einem Bienenkorb – es surrt und summt in allen Ecken. Das ist nicht zu ändern – wir interessieren uns nun mal für alles um uns her, wir behalten das Leben an allen Enden fest in der Hand.

Lehren kann man das niemanden – jeder wird nach seiner eigenen Fasson und auf eigene Weise alt. Und deshalb sollten die Leute nun endlich aufhören, alle alten Menschen über *einen* Kamm zu scheren – sie samt und sonders als »erledigt« zu betrachten, als abgeschrieben.

Ich begrüße es, daß in letzter Zeit so viele Initiativen ergriffen werden, Frauen ab ihrem fünfundfünfzigsten Lebensjahr sozusagen mit der Nase auf den Sinn und die Möglichkeiten zu einem aktuellen Thema zu stoßen – auf die ›Lust, anders alt zu werden‹; es war das Motto einer Fachtagung.

Aber ich schweife ab – ich wollte auf dein »Land, in dem noch alles möglich war« eingehen.

Meine Erinnerung an diesen Lebensabschnitt ist eng mit dem Land Norwegen verflochten; es ist das Land meiner Sehnsucht. Ich war immer wieder dort, habe mich beim Wandern von der urtümlichen Wildheit seiner Natur anrühren lassen – ich hatte viele Freunde dort, und so wurde es mir zum zweiten Vaterland.

Unsere norwegische Verlegerin ist an meinen Erlebnissen in ihrem Land sehr interessiert. So kommt es, daß ich zur Zeit wieder viel in meinen alten Tagebüchern blättere und beim Anblick der eingeklebten Fotos in Erinnerungen an die erlebten Abenteuer schwelge … Vor kurzem habe ich eine brüchig gewordene, an vielen Faltstellen eingerissene Landkarte des herrlichen wilden Landes auf dem Fußboden ausgebreitet, habe mich davorgehockt und mit dem Finger alle Linien nachgezogen, die ich vor mehr als einem halben Jahrhundert bereist, durchwandert, erklettert oder mich darin verirrt habe. Sonderbar: Es war, als wandelte ich auf den Spuren eines anderen Menschen; unmöglich konnte *ich* es gewesen sein, die das alles vollbracht hatte! Wie, um alles in der Welt, hab' ich das nur geschafft: mich – mutterseelenallein und nur auf mich selbst gestellt – in einem absolut fremden Land zu orientieren, lange Strecken zu erwandern und Kontakte anzuknüpfen ...

Heute werde ich schon müde bei dem Gedanken, im Flughafen Schiphol den richtigen Weg finden zu sollen ...

Dennoch: damals konnte ich alles, und ich habe es genossen! Ich hatte mich absolut in der Gewalt, ich fürchtete mich vor rein gar nichts, ich wagte und ich getraute mich alles, was möglich war.

Heute sieht das alles so einfach aus, aber vor sechzig Jahren war es das keineswegs. Und das Schönste ist, daß ich mir auch die kleinsten Besonderheiten noch genau vorstellen kann.

Schöne Erinnerungen sind ein kostbarer Besitz; es ist das Persönlichste, was unser Gedächtnis für uns aufbewahrt.

Daß mir von all dem jetzt nichts mehr direkt zuteil wird, stimmt mich nicht einmal wehmütig. Ich hab' meinen Teil gehabt, und im nachhinein genieße ich neidlos, was mein anderes Ich – das Wesen, das ich einmal war – erlebt und geschafft hat.

Das einzige, was ich mir in meinem manchmal etwas schwindeligen Kopf und angesichts meiner nicht mehr so ganz gelenkigen Beine *nicht* mehr vorstellen kann, ist meine damalige überschäumende Energie. Ich möchte zwar noch alles mögliche erledigen – aber was ich wirklich *kann,* das hängt davon ab, was der Tag mir zugesteht.

Deine mehr und mehr verschleißende Anne

Liebe Ann –

ich stehe noch ganz unter dem Eindruck deines Briefschlusses – und das meine ich ganz im Ernst.

Um solcher Aussagen willen legen unsere Leserinnen möglicherweise unsere Bücher aufs Nachtschränkchen neben ihrem Bett; erstaunlicherweise gibt es das tatsächlich!

Dennoch – ich bin nun einmal ein Spottvogel: Mir fiel unversehens dein Terminkalender ein, und da mußte ich laut lachen. Ich weiß doch, wie es darin aussieht: auf jeder Seite Einträge, Namen und Telefonnummern für den laufenden Tag. Und wenn du mir erzählst, wie – darüber hinaus – deine Woche aussieht, und ausgerechnet an dem Tag, da du mal ausspannen wolltest, wieder mal ein Schatten an deinem Fenster vorbeihuschte, an deiner Tür haltmachte und dich für einen Augenblick sprechen wollte – wirklich nur kurz (keinesfalls länger als ein paar Stunden!), dann frage ich mich, wie du so was in die Praxis umsetzen willst.

Wie – oh, sag mir – *wie* bewahrst du die Harmonie zwischen dem, was der Tag dir anbietet, und dem, was er dir im Hinblick auf deine Leistungskraft erlaubt?

Wir haben schon so oft darüber geredet, Ann: du bist kein exemplarischer alter Mensch. Alte

Leute schlagen sich normalerweise mit der wachsenden Vereinsamung herum – man hört es immer wieder, und eigentlich ist das auch ganz normal. Ältere hören auf zu arbeiten, die Familie löst sich auf, sie verlieren Verwandte durch Krankheit oder Tod.

Ähnliches geschieht dir natürlich auch, aber du hast eine größere Basis – die große Verwandtschaft, die sich in den Nachkommen – Kusinen, Vettern und Patenkindern – fortsetzt wie Kreise auf dem Wasser. Außerdem ist da die Tatsache, daß du dein Leben lang in Bussum gewohnt hast und nie umgezogen bist; Umzüge sind die Ursache dafür, daß Menschen sich aus den Augen verlieren. Am vergangenen Befreiungstag* bekam ich einen Brief von einem Jungen – ach nein: von einem *Mann* natürlich, aber damals, im Jahr der Befreiung war er siebzehn und war mit seiner Mutter für ein paar Monate bei uns untergetaucht. Der Brief war eine Art Rückblick, denn wir hatten uns aus den Augen verloren, und das lag nur an all den Umzügen.

Bei dir spielt natürlich auch dein Beruf noch eine Rolle: du hast eine Legion von Leuten kennengelernt, und die wissen dich alle noch zu finden. Kurzum: es ist erstaunlich. Alles in allem bist du sehr wohl jemand vom alten Schlag, denn

---

* 5. Mai, Nationalfeiertag i. d. Niederlanden

unter den kommenden Alten wird es nur wenige geben, die aus einer so weitverzweigten Familie stammen. Ich weiß natürlich, daß auch du viel mit Einsamkeit zu tun hast – auch wenn nicht du es bist, die darunter zu leiden hat: es sind Bekannte, Freundinnen, die vor sich hinkümmern und auf ein Lebenszeichen aus der Außenwelt warten: von dir.

Ich denke an deinen Terminkalender:

»An einem bestimmten Tag A. besuchen; sie befindet sich erst seit kurzem in einem Pflegeheim und kriegt einfach den Dreh nicht. Nächste Woche wird B. achtzig.«

Wahrhaftig: Heutzutage werden am laufenden Band Menschen achtzig Jahre alt – ein Alter, von dem ich früher respektlos dachte: »Naja, das wird's denn wohl auch gewesen sein …«

Von wegen! Sie geben rauschende Geburtstagsparties und gehen anschließend zur Tagesordnung über. Jedenfalls einige.

Für andere allerdings – und das will ich nicht verschweigen – werden die letzten Jahre zur schwersten Prüfung ihres Lebens.

Vor drei Jahren mußte meine Schwester ihren Mann in ein Pflegeheim geben. Jetzt schwankt sie zwischen zwei Daseinsformen hin und her: dem Leben an der Seite ihres Mannes – in einer Umgebung, in der einem der Begriff »geistesgestört« geradezu ins Gesicht springt – und ihrem eigenen alltäglichen Tun, in dem sie im Umgang mit ihren Freunden, mit ihrem Engagement für die Kirche und den damit verbundenen Aktivitäten, mit ihrem Lesekreis und mit ihrer geliebten Malerei immer noch sie selbst sein darf.

Es ist nur gut, daß wir uns inzwischen dazu durchgerungen haben, auch die Rechte des gesunden Partners anzuerkennen. Früher mußte sich der Lebensgefährte (zumeist: die Lebensgefährtin) den für einen gesunden Menschen untragbaren Beschränkungen anpassen. Heute halten wir es gottlob für richtig, daß der gesunde Partner mal ausspannt – auch wenn der kranke (männlich oder weiblich) eigentlich rund um die Uhr der Anwesenheit des anderen bedarf. Meine Schwester bekam von ihrem Hausarzt sogar den Rat, für ein paar Wochen ins Ausland zu fahren.

Klar: »Schalt doch einfach mal ab!« – das ist leichter gesagt als getan. Selbst wenn sich die Umgebung noch so mitfühlend zeigt: soweit geht die Toleranz eben doch nicht. Also schlägt sich meine Schwester weiterhin so durch und verbringt einen Teil ihres Tages in jenem Haus, wo der Wahnsinn als Normalzustand betrachtet wird (das Pflegeheim ist inzwischen zu einer psychiatrisch-geriatrischen Anstalt umgewandelt worden). Während der eine Patient stundenlang dasitzt und vor sich hin jammert, schreit der andere fortwährend um Hilfe; letzthin, als seine Hilferufe in wüstes Kreischen umschlugen, ging meine Schwester zu ihm und fragte, ob sie ihm helfen könne; worauf er sie wütend anfuhr: »Ich will nach Hause!«

Ach ja, nach Hause wollen sie alle. Nur eine kleine alte Dame sitzt da und freut sich: sie findet alles wunderbar und einmalig. Mein Schwager aber murrt irritiert: »Hör dir dieses Getöse an: Sie sind einfach verrückt.«

Ja, Anne, so ist die Welt der Alten nun einmal, und das müssen wir respektieren. Hört sich das anders an, als was ich dir zuletzt darüber schrieb? Es ist dennoch ein Teil desselben Lebensgefühls.

Ich versuche schon mein Leben lang, die beiden Seiten unseres Daseins miteinander zu versöhnen, sie irgendwie zu begreifen.

Es ist eine Herausforderung. Versuch doch *du* einmal, Licht in diese Angelegenheit zu bringen; wie sollen wir es anstellen, uns im Gleichgewicht zu halten?

Heleen

da fragst du mich was: »Wie sollen wir uns im Gleichgewicht halten?« Das Vertrackte ist, daß unser normales körperliches Gleichgewicht bereits mit beginnendem Alter abzunehmen beginnt.

»Ich kann nicht mehr geradeausgehn«, beklagte sich kürzlich meine siebzigjährige Nachbarin.

Wenn ich über die Straße gehe, fühle ich mich manchmal selber ziemlich wacklig, dann fällt sie mir jedes Mal ein. Bei mir ist es zwar nicht immer gleich schlimm, aber manchmal mache ich doch ungewollt einen kleinen Schlenker aus der Reihe, was mir eine strenge Rüge von mir selber einträgt: »Bleib gefälligst mit deinen Füßen in der Klinker-Reihe genau vor deiner Nase!«*

Als ich entdecke, daß eine vornehme alte Dame mit Handtasche und feinem Schuhwerk die gleichen Schwierigkeiten mit dem Geradeausgehen hat wie ich, tröstet mich das ein wenig.

Dies aber nur als Einleitung zur Findung des Gleichgewichts in *deinem* Sinne, in »unserer« Welt des Altseins: selber alt zu sein und noch zu

---

* Die meisten niederländischen Straßen und Gassen sind immer noch mit rechteckigen Klinkersteinen gepflastert (wegen deren poröser Struktur).

»funktionieren« – gleichzeitig aber unmittelbar einbezogen in senilen Verfall und (entschuldige das komische Wort, aber mir fällt kein treffenderes ein) Erosion; in das unaufhaltsame Dahinschwinden von geliebten Menschen und von guten Freunden, denen nichts von dem vergönnt ist, was *wir* immer noch genießen dürfen. Jedes Mal, wenn ich meine siebenundachtzigjährige Freundin besuche, versetzt es mir einen Schock. Wir waren ABC-Schützen in derselben Klasse – jetzt lebt sie in einem luxuriösen Altenpflegeheim und darf in ihrem schönen Zimmer nie ohne Aufsicht sein, weil sie sonst weglaufen würde.

Sie empfängt mich mit der Ankündigung: »Ich muß einkaufen gehn, bevor die Kinder aus der Schule kommen ...«, und wenn wir im Besuchsraum zusammen Tee trinken, folgt die Einladung: »Du bleibst doch zum Essen und über Nacht?«

Sie begreift nicht, warum ich mich von ihr verabschiede, und wenn es für einen Augenblick bei ihr dämmert, wo sie sich befindet, gerät sie in Panik. »Ich will nach Hause«, ruft sie verstört, »wo ist meine Tasche? Ich finde meinen Hausschlüssel nicht.«

»Sie wollen alle nach Hause«, schriebst du in deinem Brief. Es ist das kreatürliche Verlangen nach den eigenen vier Wänden, in denen man sich sicher fühlt – geborgen: das eigene Nest.

Als ich meine – inzwischen verstorbene – älteste Schwester in ihrem Altenpflegeheim in Belgien besuchte und zum Schluß sagte, ich müsse nun wieder zum Zug, hielt sie mich krampfhaft fest. Sie hatte ganz reizende Pflegerinnen, aber mir haftete nun einmal der altvertraute Nestgeruch an.

Warum nur dürfen du und ich und außer uns viele alte Menschen im Vollbesitz ihres Geistes »alte Tage« in Freiheit erleben, während nun schon drei meiner alten Freundinnen wegen Schädigung ihrer geistigen und körperlichen Fähigkeiten als Gefangene ihrer selbst dahinvegetieren müssen …

Nach einer solch unmittelbaren Berührung mit etwas, das mir selber bis jetzt erspart geblieben ist, fühle ich mich irgendwie schuldig. Ich versuche Situationen zu schaffen, in denen ich noch irgend etwas für sie bedeuten könnte, etwas, das den Sinn des Lebens – wie zusammengeschrumpft auch immer – erfaßbar für sie machen würde. Ich versuche die Tiefen ihres Wesens zu ergründen. Wenn man selber alt ist, gelingt einem das wahrscheinlich besser als jüngeren Menschen, wie gutwillig sie auch sein mögen; sie sind noch nicht tief genug ins Leben eingedrungen, wissen nicht, wie verletzlich Altes ist, woher auch! Es liegt weit außerhalb ihres Bereichs.

Wir alten Menschen müssen einander helfen,

und wir sollten von den Weisen unter uns auch Lehren annehmen.

Hast du gelesen, was der Schriftsteller Albert Helman während des Interviews zu seinem neunzigsten Geburtstag sagte? Er ist der Meinung, alt zu sein, schaffe Pflichten.

Nun – das wissen wir beide längst.

Man solle, sagt Helman weiter, nicht dauernd über seine Wehwehchen jammern und vor allem nicht dauernd behaupten, früher sei alles besser gewesen. Man soll deutlich werden lassen, daß man ein gesunder Mensch mit Herz und gesundem Menschenverstand ist.

Das zeigt, daß auch er es erfahren hat: Die Menschen um uns her schlagen sich dauernd mit der Frage herum, ob man in hohem Alter wirklich noch ganz normal ist, ob man dem gewohnten Standard »Mensch« noch entspricht. Und hier seine weise Lehre:

»Wir wissen nicht so recht, wohin mit dem Alter. Es ist noch zu wenig darüber nachgedacht worden. Das kommt daher, daß es als Realität zu neu ist.«

Das halte ich für einen Volltreffer.

Unsere Gesellschaft weiß sich tatsächlich keinen Rat mit diesem Phänomen, es ist brandneu und hat es vorher in dieser Form nicht gegeben.

Als ich kürzlich einer neunzigjährigen Psychologin (sie lebt mit ihrer dreiundneunzigjährigen

Schwester zusammen) meine Bewunderung ausdrückte, fand sie das absolut unnötig.

»Du mußt es so sehen«, sagte sie, »heutzutage wird man neunzig, wie man früher achtzig wurde.«

Ja, da ist was dran – die Grenzen verschieben sich. Wenn ich an das herrliche Fest denke, mit dem meine alte Freundin (wir teilten anno dazumal unsere Backfisch-Schwärmereien) ihren neunzigsten Geburtstag feierte, muß ich der Psychologin recht geben: Das strahlende Geburtstagskind als unermüdlicher, festlicher Mittelpunkt der fünfzig Gäste – Freunde und Freundinnen, weißhaarig zumeist – schwebte sichtbar glücklich auf den Wolken der Erinnerung. Es herrschte eine gleichsam verinnerlichte Freude, wie sie nur auf solch anrührenden Festlichkeiten zustande kommen kann. Alle waren glücklich, sich nach so vielen Jahren gesund und munter wiederzusehen.

Natürlich klang in kleinen Gesprächen tête à tête auch Schmerzliches oder Wehmütiges an, aber die Luft zwischen den Über-Achtzigjährigen waberte nur so von ungebrochener Energie und Lebenslust. *Das* wäre mal ein Programm fürs TV: Auch *das* ist »Altsein« …

Deine sich immer noch darüber delektierende
Ann

p. s.: Die Idee zum Geburtstagsgeschenk kam übrigens von ihren Kindern: Jeder Gast brachte eine einzelne Blume mit, der ein kleiner Umschlag mit Geld beigefügt war. Vom Ergebnis kann der Florist ihr jetzt jeden Samstag einen schönen Blumenstrauß überreichen.

Liebe Ann –

der Schlüssel! Das Wort hat unversehens auch
mir einen Schock versetzt: Der Schlüssel ist ein
Symbol – er öffnet uns die Tür zum eigenen
Reich.

Ein Leben lang – oder jedenfalls doch seit Be-
endigung seiner Kinderjahre – trägt der Mensch
einen Schlüssel bei sich, in der Handtasche, in der
Rock- oder Hosentasche, immer in seinem unmittelbaren Bereich.

Einmal wurde mir mein Portemonnaie gestoh-
len. Es ist lange her, aber damals war ich noch
dumm genug, meinen Hausschlüssel darin aufzu-
bewahren, und so stand ich in heller Panik vor
meiner verschlossenen Haustür: Ich konnte nicht
hinein! Ich war verzweifelt, fühlte mich verwirrt
und machtlos.

Vielleicht ist es genau das, was Menschen mit
nachlassender Geisteskraft so umtreibt: Es gibt
keinen Schlüssel – keinen Schlüssel für ihr Haus,
für ihr »Früher«.

Wenn man sich Auge in Auge mit einem derart
verwirrten Menschen befindet, fühlt man sich tatsächlich schuldig. Natürlich gibt es keinen greifbaren Grund dafür, doch hier offenbart sich eine
wunde Stelle: Die Tatsache, daß man sein Leben
mehr oder weniger normal meistert, beschert uns

diese unterschwelligen Schuldgefühle. Einerseits wollen wir uns den Altersgenossen gegenüber solidarisch und mitfühlend erweisen und sie nicht im Stich lassen – gleichzeitig aber möchten wir alles, was uns selber noch möglich ist, sozusagen auch »mitnehmen«. Und ist das nicht legal?

An der See fiel uns immer wieder auf, daß sich auch ältere Leute ganz selbstverständlich inmitten des allgemeinen Badebetriebs bewegten. Es waren keineswegs nur solche, die noch recht mobil und gut zu Fuß waren: Stock und Krücke zeigten sich als allgemein beliebte Hilfsmittel, während andere in ihren elektrischen Rollstühlen über den Boulevard flitzten oder sich in ihren manuell gesteuerten Rollwägelchen gemütlich schieben ließen.

Es war ein herzerwärmendes Bild! Für die heutigen Alten gibt es die Hemmschwellen, die sich noch vor unseren Eltern und Großeltern auftürmten, nicht mehr. Zu jener Zeit wurden die Alten – je älter sie wurden, um so weniger wahrgenommen.

Meine Großeltern, zum Beispiel, lebten im Haus eines ihrer Söhne. Da saßen sie in einer kleinen Stube beisammen, tappten zu den Mahlzeiten gemeinsam zum großen Wohnzimmer hinüber und zogen sich nach dem Essen sofort wieder in ihre »Altenstube« zurück.

Was – bei allen guten Geistern! – haben sie

den lieben langen Tag in ihrem Kämmerlein gemacht?

Opa nahm wahrscheinlich dann und wann die
Bibel zur Hand, während ich mir meine Oma gar
nicht anders vorstellen kann, als Topflappen
strickend. Sie benutzte harte, widerspenstige graue
Wolle dafür, und das Resultat war entsprechend:
steifes, unregelmäßiges Gestrick, dem man die
Mühe, die es Oma gekostet hatte, förmlich ansah.

Wie gern würde ich, wenn sie noch lebte, mich
über diese Strickerei mit ihr unterhalten ...

Machte sie es aus einem nie zur Ruhe gekom-
menen Bedürfnis heraus, etwas zu tun, sich zu
betätigen? Sollte immer noch etwas aus ihren
Händen kommen – aus den Händen, die in all
den Jahren anstrengender Arbeit in einem aufrei-
benden Haushalt nie zur Ruhe gekommen waren? War es vielleicht eine ihrer Töchter gewesen,
die eines Tages mit einem Knäuel Wolle und
Stricknadeln angerückt kam: ein erster Schritt auf
dem Pfad sinnvoller Freizeitbeschäftigung?

Sie hatten zehn Kinder gehabt – eine große,
lebhafte Familie mit vielen Jungs, über die Oma
in recht unorthodoxer Weise herrschte. Es fanden – ohne ersichtlichen Grund – immer wieder
Wohnungswechsel statt, oder es wurden Möbel
umgestellt, Oma liebte die Abwechslung. Wenn
die Jungs abends schlafen geschickt wurden,
konnte es durchaus passieren, daß sie oben vom

Treppenabsatz her riefen: »Mama …? Wo schlaf' ich heut' nacht?«

Das stand ja nicht von vornherein fest – Oma hatte ihre eigenen Vorstellungen von Theorie und Praxis. Und das ging so weit, daß sie im Sommer »op Zandvoort«* ein Strandhäuschen mietete, was in *ihren* Kreisen eigentlich nicht üblich war.

Der Clou der »Strandhäuschen« aber war ein leerstehendes, weiträumiges Café mit einem Haufen gestapelter Stühle, unzähligen Flaschen roter Limonade und Gläsern mit Süßigkeiten, die keine Abnehmer gefunden hatten.

Hier hielten sie religiöse Versammlungen ab – unter freundlicher Mitwirkung eines gewissen Herrn P., der göttliche Erleuchtungen hatte. Die letzte Eingebung »op Zandvoort« muß ihn veranlaßt haben, sich mit Omas Sparstrumpf aus dem Staub zu machen; was leider zu spät entdeckt wurde.

Und dieses Leben aus lauter Höhen und Tiefen und voller Eigeninitiative endete schließlich dennoch in einem Hinterstübchen, in dem sie »versorgt« waren, das sie angesteuert hatten wie ein Schiff den Heimathafen und danach nie mehr verließen; keine Spaziergänge mehr – ganz zu schweigen von kleinen Reisen –, keine Besucher,

---

* »op Zandvoort« – das war damals das Markenzeichen für die »oberen Zehntausend«.

höchstens von den Kindern oder Enkeln, die hin und wieder vorbeikamen, um festzustellen, wie es ihnen gehe.

Sie waren mit ihrem Leben gestrandet; oder sehe ich das falsch?

Was für ein Unterschied zwischen ihrem Dasein im stillen Stübchen und dem Leben ihrer Enkelin, die – selber jetzt alt – das Altsein so ganz anders erlebt, die noch Pläne für sich und für andere macht und die noch Ideen darüber entwickelt, wie das Leben für sie selbst und für andere alte Menschen sinnvoll zu gestalten wäre.

Und es ist kein Wunder, daß wir unser Leben nicht aufgeben wollen, daß wir unsere Freiheit genießen und nach Herzenslust auf Reisen gehn ...

Dennoch: Das Gefälle zwischen all den Möglichkeiten des Altwerdens bleibt bestehen; es brennt wie eine Wunde.

Ich tue mich ziemlich schwer damit.

Heleen

Liebe Taube –

ich versuche mir vorzustellen, was damals in deiner Großmutter vorging, nachdem das überschäumende Leben ihrer Kinderschar sich nach und nach ihrer Obhut entzogen und schließlich ganz aus ihrem Dasein geschwunden war: altgeworden und dadurch von allem ab- und ausgeschlossen, saß sie da und strickte Topflappen, einen nach dem anderen …

Wahrhaftig, heute liegen Welten zwischen ihrer Situation und der unsrigen – bei dem, was alles für uns getan wird!

Ich muß an meinen Großvater denken. Er war allein zurückgeblieben und verbrachte den Rest seines Lebens, unter der Fürsorge einer Pflegerin, auch weiterhin allein in seinem großen Haus.

Er muß sehr einsam gewesen sein; er hatte einen Schlaganfall erlitten und saß tagein, tagaus in seinem Lehnstuhl – stumm wie ein Fisch und absolut passiv. Ich habe ihn noch lebhaft vor Augen: ein alter Mann mit einem krausen grauen Bärtchen, auf dem Kopf ein Käppchen und über seinen Knien ein Wollplaid. Auf seinem Schoß kuschelte sich eine wohlgenährte Katze, und seine steifen, kalten Hände waren mit wärmenden Kaninchenfellen umwickelt.

Damals wurde nichts zur Reaktivierung eines solchen Kranken unternommen. Heute sieht das anders aus: Bei Gehirnblutung, plötzlicher halbseitiger Lähmung und Wegfall des Sprechvermögens tritt schnell eine ganze Armada von medizinischen Apparaten in Aktion. Fachärztliche Hilfe ist sofort zur Stelle, es folgen Animation, Korrektion und Physiotherapie. Wenn der Patient »mithilft«, kann er nach einem Schlaganfall auch wieder gesund werden – »so gut wie neu«.

Wir Senioren werden in jeder Hinsicht verwöhnt. Hast du je von dem Verein »Hilfe für Schlachtopfer« gehört? Vor einiger Zeit wurde mir meine kleine Umhängetasche geklaut – freilich durch meine eigene Schuld. Sie hing, wie üblich, an der Garderobe im Hausflur, und die Haustür hat entweder offengestanden oder der Schlüssel steckte von außen im Schloß. Dämlich – ich weiß, aber bei uns zu Hause war das früher nicht anders, jedermann war willkommen. Damals, zu Beginn des Jahrhunderts, war das ja auch kein Problem, das Leben war – um es freundlich auszudrücken: ordentlicher. Nun, es war sehr frustrierend: Geld weg, Kreditkarten weg, Brille weg ...

Gott sei Dank hatte ich gerade Besuch von meiner Nichte, einer liebenswerten, tüchtigen jungen Person, die »so was« bereits mehrfach mitgemacht hat. Sie veranlaßte mich, sofort bei der Bank anzurufen und meine cards* sperren zu lassen, und dann gingen wir zur Polizeiwache und informierten den Diensthabenden über den Vorfall; das war ja sehr wichtig wegen der Versicherung.

Am nächsten Tag klingelte mein Telefon, und eine weibliche Stimme sprach mich freundlich an: »Mevrouw, ich bin ehrenamtliche Helferin der Organisation ›Hilfe für Opfer von Raubüberfällen‹. Kann ich Ihnen irgendwie dienlich sein?«

Ich war ziemlich verblüfft; dann aber entsann ich mich des freundlichen Beamten auf der Polizeiwache, der mir – nach zögerlichem Betupfen ausgewählter Computertasten – einen wundervollen Ausdruck überreichte, in dem auch die Möglichkeit der Inanspruchnahme von »Hilfe bei Überfall« aufgelistet war.

»Och, Mevrouw«, rief ich aufgekratzt, »wie aufmerksam von Ihnen! Sie haben natürlich gedacht: ›Jetzt sitzt das arme alte Weib bestimmt in der Patsche, da will ich ihm doch mal eben zu helfen versuchen.‹ Aber meine liebe Nichte hat mir bereits geholfen, und außerdem hab' ich was dabei gelernt: Man darf nicht so fahrlässig sein, und man sollte Türen und Fenster immer gut schließen. Trotzdem: Ich bin Ihnen für Ihr spontanes Angebot sehr dankbar.«

---

* Kreditkarten für Bank, Telefon u. a. m.

Und sie: »Je nun, alte Menschen haben bei uns eben Vorrang.«

Was den Diebstahl betrifft: Bei Ganoven haben wir offenbar ebenfalls Vorrang – alte Leute sind tatsächlich leichte Beute.

Dennoch: gemessen an früheren Zeiten sind wir zweifellos dabei, mehr Selbstsicherheit zu entwickeln, und das ist auch – und nicht zuletzt – der Seniorenpartei zu verdanken.

Soviel ich mich erinnere, warst du damals, als ich dich anrief und dich von der Zulassung dieser flammneuen politischen Partei unterrichtete, nicht gerade begeistert; du hattest erhebliche Bedenken. Ich reagiere bei solchen Dingen ja immer sehr spontan, während du doch den besseren Durchblick hast und »die Dinge hinter den Dingen« sehr genau beleuchtest.

Was ich an dieser neuen Partei schätze, ist vor allem die Tatsache, daß sie dem Altsein mehr Ansehen verschafft. Wir Alten stellen etwas dar, wir dürfen endlich auch ›Een vinger in de pap‹* haben. Manchmal frage ich mich heimlich, ob wir mit unseren beiden Büchern dazu beigetragen haben, daß wir Weißhaarigen endlich ernst genommen werden. Wir sind gar nicht mehr aus der Ge-

---

* deutscher Titel: ›Mitreden ist Gold‹ (Salzer/dtv). »Een vinger in de pap« (mit einem Finger im Brei) bedeutet: Mitreden dürfen.

sellschaft wegzudenken. Wir sind ringsherum mit ihr verwoben, und zwar gleichermaßen mit unseren oft überbetonten schwachen – wie auch mit unseren verkannten starken Seiten.

Ich weiß, daß du die Achseln zuckst, wenn ich von Raf Chantrie rede, der in seiner Eigenschaft als Berichterstatter des Europaparlaments in Brüssel gesagt hat, die zunehmende Lebenserwartung sei keine Katastrophe, sondern ein Gewinn.

Eigentlich solltest du dich über die Äußerung freuen – denn *du* bist es, die immer wieder für eine positivere Darstellung alter Menschen zu Felde zieht.

Haben wir überhaupt eine Ahnung davon, wie man in den Ländern um uns her – in England, Frankreich oder Italien – mit den Über-Sechzigjährigen umgeht? Überall, wo Frauen beruflich arbeiten, hält man auf jeden Fall die Großeltern in Ehren – *sie* kümmern sich, wenn beide Elternteile einer Arbeit nachgehen, um die Kinder.

In Norwegen jedenfalls ist das so. In der ausgezeichneten Monatszeitschrift ›Vi over 60‹ (Wir über 60) – ich bekomme sie regelmäßig zugeschickt – erfuhr ich nebenbei aber auch von dem Problem, daß Großeltern ihre Enkelkinder – wenn die Eltern sich scheiden lassen – in manchen Fällen nicht mehr wiedersehen dürfen.

Was die Beziehung der Norweger zu ihren alten Menschen angeht, so haben wir ja – als wir vor zwei Jahren zu ihrer TV-Sendung über das Altwerden eingeladen waren – an Ort und Stelle selber einiges darüber erfahren.

Wir hätten es uns ja nie träumen lassen, daß die norwegische Übersetzung unseres Buches ›M'n bril in de ijskast‹ uns in dieses außergewöhnliche Land bringen würde. Was für eine Gastfreiheit! Ich zehre in Gedanken noch heute davon …

Und was für ein hervorragendes, konstruktives Programm für die Alten! Außer den beiden alten Leuten, die am Tag zuvor geheiratet hatten (er: fünfundachtzig, sie: dreiundachtzig) und jetzt strahlend und Hand in Hand dasaßen, war noch eine Soziologin anwesend, die äußerst fesselnd zu erzählen wußte: Sie hatte eine Untersuchung hinsichtlich möglicher Aktivitäten pensionierter Frauen in den skandinavischen Ländern geleitet. Ich selber wurde frischweg über das Wohl und Wehe des Altseins ausgefragt. Besonders gut fand ich, daß sich die Interviewerin nicht zu fragen scheute, wie *du* mit dem Gedanken an das absehbare Lebensende umgingest …

Es war fast beklemmend wirklichkeitsnah.

Zum Schluß lauschten wir dann noch dem pensionierten, hinreißend sympathischen Lehrer, der uns seine geistvollen kleinen Gedichte vortrug.

Daß die Norweger ihre Senioren in Ehren halten, zeigte sich auch beim Abschiednehmen: Der

Dichter entließ uns mit vielen artigen Verneigungen und galantem Handkuß. Auf meine Frage, wie er in seinen Wohnort zurückreisen wolle, entgegnete er: »Mit dem Bus.« Er genieße, sagte er, einen »Ehrenrabatt«.

Was für ein wunderschönes Wort! Wie geschaffen für unsere Seniorenausweise, denn Altsein verdient Respekt; schon deswegen, weil wir es fertiggebracht haben, ein ganzes Leben in diesem chaotischen Jahrhundert voller Hindernisse gemeistert zu haben.

Das darf getrost auch anerkannt werden.

Ann

Ann –

deine norwegische Hochzeit hat mich an ein net-
tes altes Ehepaar erinnert, das ich in einem Men-
noniten-Ferienzentrum in Schoorl traf. Es dauer-
te nicht lange, da gestand mir die weibliche
Hälfte mit schelmischem Lächeln, sie und ihr
Mann seien erst seit zwei Jahren verheiratet, und
alle ihre Glaubensbrüder und -schwestern hätten
an der aufblühenden Romanze teilgehabt.

Es war der Schalk hinter ihren Worten, der
mich so köstlich amüsierte; er paßte überhaupt
nicht zu dieser eleganten Dame im großblumig
gemusterten Couture-Kleid. Es erschien mir ...

Halt, verflixt! *Wie* erschien es mir?

Ich scheine mich wirklich zu einem Erz-
Kritikaster zu entwickeln. Aber bestimmt würde
ich auch dann schmunzeln oder lästern, wenn
mich selber die Liebe träfe – mit weit über siebzig
Jahren und wie ein Blitz aus heiterem Himmel,
und niemand aus meiner Umgebung hätte die lei-
seste Ahnung, was mich auf einmal so jung
machte ...

Aber geschieht es wirklich wie der »Blitz aus
heiterem Himmel«?

Genau so, Anne.

Ich bin im Laufe der Zeit öfter mit derartigen
»späten Ehen« in Berührung gekommen, und die

Betroffenen berichteten alle mehr oder weniger einstimmig das gleiche: Sie waren überrascht, daß sie zu solchen Gefühlen überhaupt noch fähig waren. Sie hätten es sich nicht vorstellen können, aber sie waren glücklich darüber, in einem so unvermuteten Maße lieben zu können und geliebt zu werden – mit nichts anderem als ihrem eigenen altgewordenen Körper, der offenbar noch fähig war, Begehren und Liebe zu wecken.

Es gibt allerdings auch genug Leute, die ganz gezielt auf die Suche gehen – die unzähligen »Kontakt«-Annoncen sprechen Bände! Solche arrangierten Begegnungen erscheinen mir aber viel schwieriger als ungezwungenes Kennenlernen, bei dem man an Ort und Stelle erfährt, ob man sich etwas zu sagen hat oder nicht.

Doch so oder so: Wann werden wir es uns endlich abgewöhnen, die Sache an sich abschätzig (oder mißgünstig?) zu betrachten! Es ist immer noch so, daß solche »Affären« mit erhobenen Brauen oder schiefem Lächeln kommentiert werden.

Und dabei kann es doch auch ganz bitter enden.

Wie bei dem Ehepaar, das sich arglos in ein Altenwohnheim einmietete: Sie bekamen ein schönes, sehr geräumiges Zimmer und mischten sich frohgemut unter die anderen Hausbewohner – es war wirklich nicht übel dort, ganz im

Gegenteil: eine richtig gesellige Runde. Und nachdem der Ehemann ihre sympathische Zimmernachbarin kennengelernt hatte, war er ganz und gar begeistert.

Du verstehst, Ann: Die Geselligkeit nahm überhand. Ist das nicht bitter?

Wenn es wenigstens bei unverbindlichen Kontakten, bei anregenden Gesprächen oder gutnachbarlicher Freundschaft geblieben wäre, aber es ging weiter; es ging zu weit.

Eine der Segnungen des Alters – so glaubte ich immer – ist die Ruhe, sind die stillgewordenen Sinne. Die Leidenschaft schäumt nicht mehr turmhoch auf, reißt uns nicht mehr Hals über Kopf mit sich, so daß unser Leben aus den Fugen gerät.

Hast du ähnlich gedacht, Ann?

Nun, dann vergiß es.

Du brauchst nicht einmal über allzuviel Phantasie zu verfügen, um dir ausmalen zu können, was sich zwischen den drei Menschen abspielte. Das schöne Refugium der beiden Eheleute wurde zur Arena für würdelosen Zank und Streit. Schließlich blieben der Mann und die nette Nachbarin darin wohnen – der Umzug wurde ordnungsgemäß vollzogen –, und die Ehefrau blieb allein. Und all dies unter den Augen einer gleichgültigen, vielleicht aber auch schadenfrohen oder gehässigen Umwelt.

Es scheint unglaublich, aber wenn man erst einmal akzeptiert, daß es für die Liebe kein Rentenalter gibt, dann öffnet man auch dem Drama Tür und Tor.

Gott sei Dank gehören aber solche Tragödien zur Ausnahme; und damit wieder nach Schoorl, wohin das Mennoniten-Ehepaar jedes Jahr zurückkehrt, um den Gedenktag seiner ersten Begegnung zu feiern. Sie, die Gattin, schwelgte immer noch gern in Erinnerungen und kokettierte dabei unverhohlen mit ihm; sie wollte, daß er darauf eing, daß er berichtete, wie es gekommen war, daß er sich in sie verliebte. Doch ihm schien das Thema irgendwie peinlich zu sein, die jeweiligen Berichte klangen seltsam »zerkaut« und atemlos, sie waren kaum zu verstehen. Vielleicht hatte ja *er* inzwischen mehr Spott oder Flachsereien ertragen müssen als seine Frau.

Ist die allgegenwärtige Reklame daran schuld, daß wir Liebe und körperliche Beziehungen so bereitwillig der Jugend vorbehalten? Das Getue mit makel- und faltenlos schönen, farbenfroh gekleideten Menschenbildern trägt natürlich dazu bei, daß – wenn wir uns im Spiegel betrachten und dabei entdecken, daß wir nicht mehr vor Neuigkeit glänzen – wir an unserem Existenzrecht zu zweifeln beginnen; ganz zu schweigen vom Recht auf Liebe.

Aber so war das doch schon immer. In früheren

Zeiten haben sich Spott und Ablehnung weitaus unbarmherziger gezeigt, während man inzwischen dazu übergeht, die Rechte der Emanzipation – und vor allem die Gleichberechtigung der Alten zu respektieren.

Das Komische daran ist nur, daß Unnachsichtigkeit und Spott ausgerechnet aus den eigenen Reihen kommen, daß wir selber es sind, die so streng über unsere Altersgenossen urteilen.

Könnte es sein, daß wir Alten keinem Altersgenossen eine »späte Liebe« gönnen?

Deine mißtrauische Taube

p. s.: War ich *wirklich* nicht mit den neugegründeten Seniorenparteien einverstanden, Ann?

Ich erinnere mich – im Gegenteil? – daran, daß ich immer wieder mit Leuten aneinandergeriet, die mit dem Seniorenprogramm nichts am Hut hatten, und daß ich ihnen mit Engelsgeduld erklärte, daß und warum sie mit ihrem Mißtrauen gegenüber dem AOW* nicht allein dastünden.

* niederländisches Altersrenten-Gesetz

Liebe Taube –

ach ja, der »Spott aus den eigenen Reihen«, wie du es nennst ... Eifersucht ist etwas Schreckliches: Jemandem etwas nicht gönnen, was er (sie) besitzt und was man selber so gern sein eigen nennen würde.

Es gibt fast nichts, was im Umgang mit den Menschen untereinander so zerstörerisch wirkt wie Neid und Eifersucht. Es ist die Schranke, die alles ausschließt, was das Anliegen des jeweils Betroffenen befürworten, was zu seinen Gunsten zu sagen oder zu denken wäre.

Zugegeben: was die Beziehungen zwischen älteren, nicht verheirateten Paaren angeht, sind wir ein ganzes Stück toleranter geworden; wobei ich an die einsame Witwe aus unserem früheren Bekanntenkreis denke, die (nach einer unerfreulichen Ehe) entdeckte, daß ihr Schwager sich in seinem Leben als Witwer genau so einsam fühlte wie sie.

Sie wurden oft zusammen gesehen und entsprechend bespitzelt. Es wurde gelästert, und jedermann konstatierte: »Es ist eine Schande.«

Wieso eigentlich?

Sie suchten Trost beieinander und taten damit niemandem etwas zuleide. Sie schenkten sich gegenseitig ein wenig Freude, aber sie wurden gemieden, durften nirgendwo mehr »mitmischen« und schlossen sich dadurch nur noch enger zusammen.

Jahre später hörte ich von einer siebzigjährigen Frau, die ihren Mann verloren hatte und wie selbstverständlich die Sorge für einen Familienfreund übernahm, der als Witwer mit sich und seinem Alleinsein nicht mehr zurechtkam.

Unser ganzer Freundeskreis war von dieser Initiative sehr angetan.

Die Frau zog in sein Haus, und natürlich zerrissen sich die Leute ihre Mäuler darüber, was in der Schlafstube des Mannes vor sich gehen mochte.

Was selbstverständlich niemanden etwas angeht – es ist jedermanns eigene Sache, die er mit seinem Gewissen ausmachen muß. Vielleicht fanden die beiden Menschen in der neuen Zweier-Einheit eine Geborgenheit, die ihnen mit solcher Wärme und Zärtlichkeit nie vorher zuteil geworden war.

Im übrigen hört man von derartigen Fällen mehr und mehr.

In deinem Brief schreibst du von »... ihrem eigenen altgewordenen Körper, der offenbar noch fähig war, Begehren und Liebe zu wecken«. Ich glaube, daß die Liebe – wenn man die Siebzig überschritten hat – nicht in erster Linie durch den Körper, sondern durch das »Drumherum« geweckt wird: die Stimme, den Blick, durch den Zustand der Befindlichkeit – um nicht das allzu oft mißbrauchte Wort »Ausstrahlung« zu benutzen.

Jeder »strahlt« etwas aus, es kommt nur darauf an, jemanden zu finden, der den richtigen Sensor dafür hat. Wenn jemandes »Antenne« etwas empfängt, was ein anderer sendet, dann macht's »klick«, und man hat nur noch das Bestreben, es den anderen auch körperlich spüren zu lassen.

Du hast letzthin einmal gesagt, du glaubtest einfach nicht, daß dir so etwas passieren könnte. Aber du darfst nicht alles nur in Verbindung mit dir selbst beurteilen, Duif*, denn nichts ist so persönlich wie die Liebe und wie das Erfahren der Liebe. Ich bin sicher, daß es so viele Schattierungen darin gibt, wie Menschen auf der Erde leben, und kein Außenstehender kann wissen, wie zwei Menschen, die sich zueinander hingezogen fühlen, die sich lieben, ihr Zusammensein empfinden. Das ist absolut individuell, und du kannst dich – außer auf deine eigene Erfahrung – nur danach richten, was irgendwo geschrieben steht, was du vom Hörensagen weißt oder was dir je-

---

* Anne redet Heleen nur mit »Duif« (Taube) an. Die Erklärung dazu gibt's in Band 1 dieser Trilogie: ›Wo ist denn meine Brille?‹ (Salzer/<u>dtv</u>)

mand anvertraut hat. Und selbst dann: Nicht jede Liebe hat das hohe Niveau jener Achtzigjährigen, die ihren Mann vor einem Jahr verloren hatte und mir in einem Augenblick extremer Gemütsbewegung anvertraute, sie habe alle Briefe aus den ersten Jahren ihrer Romanze wie einen Schatz gehütet und zehre nun von dem, was in einem der Briefe zu lesen stand: *»Unsere Liebe ist unauflöslich und reicht weit über die Grenzen des Todes hinaus.«* Während der Feier ihrer goldenen Hochzeit hatte er ihr in einem unbeobachteten Augenblick zugeflüstert: »Ich liebe dich – heute mehr denn je zuvor ...«

Das mag einmalig erscheinen, gewiß. Aber ich bin sicher, daß – wenn es möglich ist, daß zwei Menschen solcherart miteinander verwachsen – sie sich lebenslang gegenseitig bereichern.

Die Liebe zueinander befähigt den Menschen, das Beste aus sich selbst herauszuholen und dem anderen mitzuteilen.

Doch über solche Dinge wird weder diskutiert noch geschrieben – sie sind nicht »aufreizend« genug.

Du hast es, als du jung warst, sicher auch schon miterlebt: Innerhalb der Familie wurde über ältere Leute, die »miteinander gingen«, heftig getuschelt; und vielleicht hast du dabei auch jemanden bedeutungsvoll flüstern hören: »Ob die es auch miteinander tun?« Ein Thema, das uns offenbar schon immer zu Verschwörern »dagegen« gemacht hat.

Und heute?

Es wird offen diskutiert; warum auch nicht.

Heutzutage, wo wir unseren Körper viel länger gesund und funktionstüchtig erhalten, haben sich die Möglichkeiten zum intimen Beisammensein ganz von selber fortentwickelt.

Dennoch wird das Kapitel Liebe und Sexualität immer voller Rätsel bleiben, und es ist fast schon widerlich, in welchem Maße und auf welch menschenunwürdige Weise es das öffentliche Interesse am Kochen hält.

Hast du zufällig die Notiz über den zwei(oder drei)undneunzigjährigen Mann gelesen, der seinen kostbarsten Körperteil operativ hat verlängern lassen? Selbst so was gehört in unseren Tagen – am Ende dieses vielumstrittenen Jahrhunderts – zu den realen Möglichkeiten einer anspruchsvollen Männerwelt.

Es gibt keine Geheimnisse mehr um den menschlichen Körper; und das, obwohl es doch das größte aller Mysterien bleibt, daß es ausschließlich der Mensch ist, der Menschen zeugen kann.

Dank allerlei unnatürlicher Eingriffe können heutzutage sogar Frauen im Großmutteralter noch menschliches Leben hervorbringen. Ich halte dies für äußerst verwerflich. Das darf man doch einem Kind nicht antun: Eine Mutter, deren Lebenserwartung normalerweise nur kurz sein kann. So *darf* man die Dinge doch einfach nicht verfälschen, aus dem Zusammenhang reißen!

So *darf* der Mensch nicht in Gottes Schöpfung herumpfuschen!

(Was für ein Brief!)

Anne

Ann –

die junge Generation versucht uns mit aller Gewalt beizubringen, es müsse alles zur Diskussion gestellt werden können; Scham sei Unsinn, sagen sie – es sei jedenfalls »falsche Scham«. Das gelte für viele Gebiete, man müsse einfach immer die Wahrheit sagen. Aber du und ich – wir gehören nun einmal zu einer Generation, die vieles lieber für sich behält. Es hat mich bis heute noch niemand zu der Notwendigkeit bekehrt, daß man jedermann alles »vor den Latz zu knallen«, bei jeder Gelegenheit seinen eigenen Willen durchzusetzen und die eigene Meinung in den Vordergrund zu stellen habe.

Ich halte es sogar immer noch für einen Gewinn, daß ich meistens in der Lage bin, das Für und Wider der Dinge in Ruhe abzuwägen.

Das heißt keineswegs, daß man aus seinem Herzen eine Mördergrube machen sollte; »Mördergrube«, das spricht ja für sich selbst. Dahinter steckt immer die Gefahr, daß es im gegebenen Moment zu einer Explosion kommt, daß die Flammen um sich greifen und großes Unheil anrichten. Es werden Dinge gesagt, die man nie mehr rückgängig machen kann. Meiner Meinung nach kann sich der Mensch von der Zeit, aus der er stammt, nicht gänzlich lösen. So kann ich – wenn ich ein Programm über Sexualität sehe oder höre und Zeugin offenherzig (bzw. schamlos) »geouteten« Seelenmülls werde, beim besten Willen nichts von der Erleuchtung oder Befreiung erkennen, die der Veranstalter seinem Publikum so gern einreden möchte. Aber ich gehöre sowieso nicht zu der Kategorie Mensch, die den Managern als Zielgruppe vorschwebt.

Uns war früher der Umgang mit gleichaltrigen Freunden – auch wenn diese als der Inbegriff allen Übels galten – nicht verboten.

Nur während der zwei Jahre, da wir in Argentinien lebten und meine zwölfjährige Schwester sich immer wieder bemühte, irgendwelche bedrohlich scheinenden Kontakte zu knüpfen, geriet mein Vater hin und wieder in Panik. Wahrscheinlich hatte er sogar recht damit, denn die dortigen Männer waren nicht an herrenlos herumstreunende kleine Mädchen gewöhnt. Das ist übrigens eine Tatsache, die auch heute bei Urlaubsreisen in südliche Länder Anlaß zu Katastrophen geben kann.

Doch zurück zur frohen Botschaft des Über-alles-reden-Könnens.

Das ist ja beileibe nicht jedermanns Sache.

So saß ich letzthin bei einer solchen Veranstaltung und konnte mir das Lachen nicht verbeißen, als ich vernahm, daß sich für die Erforschung des

Sexuallebens alter Menschen – wobei vornehmlich Ehepaare angesprochen worden waren – zu wenig Teilnehmer gemeldet hatten. Viele der Anwesenden bekundeten offen, daß sie an der Kombination Liebe und Sexualität immer noch Freude hätten, doch keiner von ihnen fühlte sich bemüßigt, den Interviewern auf die Nase zu binden, wie es funktioniert. Es ist einfach ein Gebiet, das sie *nicht* zur Diskussion stellen möchten: Zutritt für Unbefugte verboten!

Es ist schon so, wie du schriebst, Anne: Der Schleier, hinter dem sich solche sehr verletzlichen Dinge verbergen, wird nur ganz selten gelüftet; und dann auch nur als winziger Zipfel.

Und jetzt fällt mir eine Bäuerin ein – weit über Siebzig und schon seit Jahren Witwe. Der große Bauernhof trug immer noch Spuren des Verlustes. Stolz führte die Frau uns durch die geräumigen, blitzsauberen Stuben, und dann war es ausgerechnet die Schlafstube, die mir einen Schock versetzte. Mitten im Zimmer stand – wie ein Altar – das Litjumeau* mit den darübergebreiteten Wolldecken und zwei nebeneinander postierten Kopfkissen. Hier mußten die Nächte noch erfüllt sein von dem, was sie verloren hatte. Und als wir nachher wieder in der Wohnstube waren,

* in den Niederlanden gern genutztes französisches Doppelbett, Breite: ca. 1,40 m. Sprich: Lichümo

sprach sie ganz von selber über Dinge, die gerade in *ihren* Kreisen krampfhaft verschwiegen werden:

Immer hatten sie das Bett miteinander geteilt – bis auf die letzten Wochen vor seinem Tod, als seine Schmerzen unerträglich wurden. Sie hatte ein Einzelbett für sich selbst ins Zimmer gestellt, was dem todkranken Mann schrecklichen Kummer bereitete. »Soweit ist es gekommen«, hatte er leise gesagt, »daß wir nicht mehr in *einem* Bett liegen können …«

Die gemeinsame Schlafstatt war der Mittelpunkt ihres Lebens gewesen, die selbstverständliche körperliche Nähe, die Küsse, die Liebkosungen …

Nichts von einem entschuldigenden Lächeln, als sie es aussprach. Sie selbst hatte es nie anders empfunden, es war immer so gewesen. Und sie hatte nie ein Hehl daraus gemacht, daß die körperliche Gemeinschaft für sie beide der unerschöpfliche Quell des Lebens war; keine Rede von »Abkühlung«, Ungeduld oder Langeweile, es war und blieb das Herzstück, wunderbar beglükkend.

Etwas, das ihre Schwestern und Schwägerinnen nie hatten begreifen können. Sie fanden es »eigentlich unpassend«, schüttelten den Kopf darüber: Es gehörte sich doch nicht, daß eine Frau (eine ältere zumal) es derart genoß!

Ja, das war die damals vorherrschende Meinung. Ein winziger Zipfel des Schleiers …

Erleben auch *noch* ältere Menschen es so? Ich entdecke in meinem Umfeld immer wieder Frauen hohen Lebensalters, die eine neue Verbindung eingehen und dann auch mit Nachdruck darauf hinweisen, daß sie einen *Liebhaber* gefunden haben! Liebhaber, Geliebter … Begriffe, die mich in diesem Zusammenhang immer ein bißchen irritieren. Dennoch habe ich tiefes Verständnis für die vielen Frauen, die noch einen Partner suchen, oft genug über Kontaktannoncen.

Schon die Erstellung des Textes würde mir Mühe machen! Was schreibt man, um sich selber vorzustellen? Nicht jede besitzt soviel Dreistigkeit, sich – wie ich heute morgen in der Zeitung las – als »Goldschatz von Frau« anzupreisen.

Meistens liegt bei solchen Texten der Nachdruck auf »Einsamkeit«, der sie entgehen wollen. Genieren sie sich zu sagen, daß sie auch noch etwas anderes möchten als nur Gesellschaft und Vergnügen?

Ein echtes Liebesverhältnis ist natürlich ein Glücksfall. Ich sehe es (vielleicht ein wenig zu naiv) als Quelle der Kraft und Erfüllung an, aber leider zeigen nüchterne Zahlen, daß es nur wenigen Frauen in höherem Lebensalter vergönnt ist, einen Lebenspartner zu finden. Im Jahr 2000 werden – laut Statistik – einem einzigen Witwer gleich fünf Witwen gegenüberstehen: Es wird also für Frauen immer mühsamer werden, einen Partner zu finden. Ein Glück, daß es so viele Frauen gibt, die obiges Kapitel abgeschlossen haben und dennoch weder unglücklich geworden oder vertrocknet sind!

Heleen

Liebe Taube –

was immer sich alleinstehende ältere Frauen von einem »hereingeschneiten« Lebensgefährten auch erhoffen mögen – Einsamkeitsvertreiber, Freund oder Liebhaber: Ich wünsche mir nichts sehnlicher als einen Gelegenheitsarbeiter für mein Häuschen.

Gestern mußte ich – ziemlich hoch über der Haustür – eine neue Glühbirne eindrehen. Für gewöhnlich überlege ich in solchen Fällen immer erst, ob ich es selbst tun oder lieber warten soll, bis ein großer starker Mann vorbeikommt, der mir die Arbeit abnimmt. Aber die Lichtquelle duldete keinen Aufschub – ein unbeleuchtetes Haus in dunkler Nacht: wie gruselig!

In unserem Dorf gibt es zwar einen Hilfsdienst namens »Gern gescheh'n!«, der Freiwillige für kleinere Arbeiten in Haus oder Garten vermittelt: Rasenmähen, Bilder aufhängen oder tropfende Wasserhähne zum Stillstand bringen, aber »Freiwillige vor!«, um eine lächerliche Glühbirne auszuwechseln, das wäre wohl ein bißchen zuviel verlangt. Also, raus mit der kleinen Küchenleiter, Schuhe ausgezogen (wegen des besseren Halts auf den glatten Trittstufen), meinen Schutzengel zu besonderer Wachsamkeit ermuntert und ran ans Werk!

Und als Belohnung das Gefühl tiefer Zufriedenheit, weil ich's allein geschafft habe. Leichter und weniger riskant wär's natürlich gewesen, wenn »mein« Jan, Piet oder Klaas die Sache erledigt oder zumindest Wache bei meinem Hochstand gehalten und mir dadurch ein Gefühl der Sicherheit geschenkt hätte. Es gibt eben Hausarbeit, die sich gemeinschaftlich besser bewältigen läßt als solo; gemeinsam ist man – zum Beispiel bei einem Standortwechsel von Sessel oder Couch – viel einfallsreicher und stärker.

Im Fernsehen wurde kürzlich ein neuer Supermarkt (oder ein Warenhaus oder was immer es darstellen sollte) eingeblendet, wo, ausschließlich für Senioren, alle erdenklichen Artikel und Gebrauchsgegenstände angepriesen wurden. Die Kamera flitzte aber so rasant über das Dargebotene, daß auf meiner Netzhaut eigentlich nur der Eindruck einer endlosen Reihe weißer Hebearme (oder so was) haftenblieb; keine Ahnung, zu was sie nützen sollten. Etwas länger blieb ein Ledersessel mit verstellbarer Arm- und Rückenlehne im Bild, der mit einem Gerät wie meine TV-Fernbedienung zu steuern war.

Man kuschelt sich gemütlich in Liegestellung, und wenn man sich aufrichten möchte, drückt man auf einen der Knöpfe, und die Rückenlehne hebt sich automatisch. Man muß allerdings den richtigen Knopf bedienen, und das ist für technisch unbedarfte Senioren nicht so einfach. Stell dir vor, jemand drückte auf den falschen Knopf, und der Sessel faltete sich über ihm zusammen oder beförderte ihn mit einem Salto rückwärts über Bord! Bei derart versteckten Finessen muß man auf alles gefaßt sein.

Die Vorstellung aber, sich aus diesem komfortablen Sitzmöbel – einer Art Flugzeug-Schleudersitz (nur ein bißchen komplizierter als dieser) – sogar mit schmerzendem Rücken und steifen Knien lösen zu können, ist sehr verführerisch. Bloß nicht das Knopfding verlieren, sonst ist man absolut aufgeschmissen!

»Ja, Sesselchen«, sagte ich, »du bist wirklich ganz reizend; du bist nur nichts zum Aufheben und Herumtragen: ein bißchen näher zum Fenster oder zum Kamin, wenn ich da sitzen möchte …« Ein anwesender junger Zuschauer mit fixeren Augen als meine bemerkte:

»Es sind Röllchen drunter.«

»Man kann also einfach damit herumfahren, braucht nicht aufzustehen«, stellte ich fest. Aber so einfach war es auch wieder nicht: Es waren einklappbare Rädchen. Ebenfalls mit einem Druckknopf (dem richtigen, natürlich) zu bedienen?

Innig zufrieden blickte ich mich in meiner Stube um und betrachtete meine Rattan-Sessel: Es sind Leichtgewichte und als solche problemlos zu handhaben. Was für ein Glück für uns Alte, für die das Heben von Lasten ebenso mühevoll wie ungesund ist, daß Rattan-Möbel absolut im Trend liegen!

Industrie und Handel haben die Senioren inzwischen als kapitalkräftige Verbrauchergruppe entdeckt. Ich fürchte, daß sie mit uns genau so umspringen wie mit dem, was unter dem Schlagwort »Umwelt« läuft.

Es wird Schindluder damit getrieben, Hauptsache: die Kasse stimmt. »Umweltbewußtsein« mobilisiert die Kauflust.

Wir sollten da wirklich besonders wachsam sein und uns nicht alles aufschwatzen lassen, was viele »Newcomer«* unter den Herstellern angeblich speziell für uns konzipieren und herstellen. So schlau und erfinderisch sie auch sein mögen: Es fehlt ihnen die Erfahrung; sie sind gar nicht in der Lage, sich in einen alten, verschlissenen Körper, in arbeitsunwillige Hände, steife Knie oder schwachsichtige Augen hineinzuversetzen. Nicht zu vergessen auch die zunehmende Rückständigkeit im Umgang mit technischen oder elektronischen Handgriffen (oder beidem zusammen).

Die Kinder der heutigen Generation werden mit einer Computertaste im Händchen geboren; sie begreifen eins-zwei-drei, wovor wir Alten

* Neulinge – meist jung, aber schon erfolgreich

frustriert haltmachen wie der sprichwörtliche »Ochs« vorm Berge.

Sehr bedauerlich für uns – aber nicht mehr einzuholen.

Deine rückständige Ann

p. s.: Während ich diesen Brief schrieb, kam der erwähnte junge Mann (»… es sind Röllchen drunter –«) zu Besuch. Er erzählte mir, es gebe ein Institut in – soweit er sich erinnere: Amstelveen –, das unter dem Slogan firmiere: AN DIE TASTEN, SENIOREN!

Ich werde mich unverzüglich auf die Socken machen, um mehr darüber zu erfahren!

Ann –

die fehlende Erfahrung: Du sagst es. Daß es in Bussen und Straßenbahnen besondere Sitzplätze für Körperbehinderte gibt, ist sicher gutgemeint.

Vor einiger Zeit kletterte ich in die Amsterdamer Tram, entdeckte den besonders bezeichneten Platz und betrachtete ihn (weil trotz meines Stützstocks nicht besonders standfest auf den Beinen) als Aufforderung, mich darauf niederzulassen; niemand verwehrte es mir.

Nun legt die Tram aber ein hohes Tempo vor und ratscht mit unverminderter Geschwindigkeit durch die Kurven, so daß ich bereits beim ersten Dreh halb auf dem Boden hing; die Plätze haben nämlich keinen Haltegriff, und es gab auch in nächster Nähe nichts, woran ich mich hätte festhalten können. Krampfhaft umklammerte ich den Sitz, aber die Fahrt wurde zu einer Art Geschicklichkeitsprüfung, die ich nur mit knapper Not bestand.

Fazit: Hilfsmittel sollten vor Ingebrauchnahme unbedingt in der Praxis erprobt werden.

Ein weiteres Kapitel, wie Sparsamkeitsmaßnahmen für alte Menschen zur Falle werden können:

An unserem kleinen Bahnhof sinken die Perrons – bedingt durch den hiesigen Moorboden – immer weiter ab, und die Trittstufen der Waggons werden folgerichtig immer höher. Letzthin mußte ich einer guten Bekannten (*noch* älter als ich) mit einem kräftigen Stoß in den Rücken nachhelfen – sonst wäre sie auf halber Höhe hängengeblieben. Natürlich hätte hier für Abhilfe gesorgt werden müssen, aber es ist billiger, einstweilen alles zu lassen, wie es ist. Es sind ja sowieso nur die Alten, die nicht damit zurechtkommen.

Aber ich will nicht nur meckern – ich muß unbedingt auch mal etwas Schönes loswerden:

Weiß überhaupt jemand, wie zuvorkommend auf Schiphol oder anderen Flughäfen alte Leute behandelt werden? Ich weiß ja, daß du derlei Zuvorkommenheit sehr zu schätzen weißt, während ich mich immer noch im »Experimentierstadium« befinde und mich dementsprechend lächerlich fühlte, als wir mit diesem Mini-Jeep vom Einchecken zu den Gates* gefahren werden sollten. Wir mußten ein paar Minuten auf den Fahrer warten, und ich dachte ungeduldig: »Du liebe Güte, was dauert das wieder! Mit meinen eigenen Beinen wär' ich längst da!« Was natürlich nicht der Wahrheit entspricht. Die Gänge zu den Gates sind endlos lang und das Handgepäck schwerer als beabsichtigt ...

* Wartehalle zum Flugzeug-Einstieg

Übrigens gibt es durchaus örtliche Unterschiede. In Kopenhagen fand unsere Betreuerin nichts dabei, uns wie Packesel hinter sich hertraben zu lassen.

Nein – Schiphol übertraf wirklich alles; und als besondere Attraktion saß mit uns im Mini-Jeep ein steinalter Mr. Hitchcock mit einem originellen Sherlock-Holmes-Tropenhelm auf dem Kopf. Er stellte damit unter Beweis, daß man notfalls auch solo und behindert um den ganzen Erdball reisen kann.

Die Welt, in der wir leben, wird uns immer fremder; und so heißt auch die wissenschaftliche Bezeichnung für dieses Phänomen: Verfremdungseffekt.

Wenn ich in diesem Zeitalter der Computer meine Texte auf ein »Floppy« übertrage, entfährt mir unwillkürlich immer wieder die ungläubige Feststellung: »Sooo einfach *kann* das doch nicht sein – bestimmt hab' ich was vergessen!« Aber es ist tatsächlich so einfach: Man berührt ein paar Tasten, und im selben Moment ist der Text auf einer Scheibe abzulesen.

Unser Leben wird von Tasten und Knöpfen beherrscht.

Vor einiger Zeit bekam ich ein verstellbares Bett. Stell dir bloß vor: Wenn man lesen möchte, kann man im Bett sitzen – und wenn man sich gemütlich wieder hinpacken will: Knopfdruck, basta. Wie bei dem Ledersessel, von dem du schriebst.

Bloß: Als ich um Mitternacht müdegelesen war und schlaftrunken an einer dafür vorgesehenen Schnur zog, passierte gar nichts. Da saß ich also mitten in der Nacht stocksteif im Bett, und zunächst blieb das auch so. Erst nach vielem wütenden Reißen, Ziehen und Stoßen ließ sich das Bett wieder in die Waagerechte bringen, aber seitdem ist mein verstellbares Bett so unbeweglich wie ein ganz normales. Denn wirklich: Des Nachts im Bett *sitzen* zu müssen ist sehr unbehaglich; einmal und nicht wieder – ich werde kein Risiko mehr eingehen. Motto (schwachsinnig – ich weiß!): Ich schaffe es sowieso nicht.

Es ist noch gar nicht lange her, da benahmen sich ältere Leute gegenüber Computern gemäß der Strategie: »Einfach so tun, als gäbe es die Dinger nicht.«

Aber das klappt immer weniger; und waren es zunächst nur die großen Bibliotheken, in denen man für bestimmte Bücher den Computer bemühen mußte, so verweist uns neuerdings auch unsere Dorfbibliothek an die Elektronik. Es ist zwar jemand da, der es einem erklärt, aber ich muß zunächst immer noch eine kreatürliche Furcht vor diesen Unheimlichkeiten überwinden; ich erinnere mich, daß ich ganz zu Anfang dachte, ich brauchte nur den Finger danach auszustrecken, um eine heillose Katastrophe auszulösen.

Und nun stell dir meinen Stolz vor, als sich erwies, daß ich – wenn auch jeweils mit fachkundiger Unterstützung einiger Familienmitglieder im Rücken – ganz gut damit zurechtkomme!

»Anfangs« – ach ja, das war die selige Zeit, da ich dem Computer noch Vertrauen schenkte und davon überzeugt war, das Vergnügen wäre – wenn ich es erst einmal kapiert hätte – grenzenlos ...

Aber seitdem hat mein Vertrauen herbe Rückschläge erlitten. Manchmal benimmt sich mein Computer, ohne daß es mir als Unkenntnis anzukreiden wäre, total daneben: Er blockiert, und ich muß – der Gebrauchsanweisung zum Hohn und ohne das Dutzend Handgriffe zu tun, die als unerläßlich darin aufgeführt werden – einfach den Ausschaltknopf drücken.

Inzwischen ist mir der Kampf gegen soviel Sturheit zur Routine geworden, aber – nun ja: wie soll ich es erklären ...

Irgendwie fühle ich mich ein bißchen »beschränkt« dabei; eine sehr deprimierende Wahrnehmung, die mir im Umgang mit normalen Apparaten, wie zum Beispiel einer altmodischen Schreibmaschine, nie vorgekommen ist – konnte ich doch dabei meine eigene Intelligenz und Geschicklichkeit einsetzen, um etwaige Fehler zu beheben. Wenn mir jetzt irgendwelche blöden

Tasten einfach den Gehorsam verweigern, bin ich regelrecht aufgeschmissen. Das einzige, was ich tun kann, ist auf den Tasten herumzudrücken, aber die stellen sich doof. Und wenn ich schließlich darüber in Panik gerate, reagiere ich auf unsinnigste, ja: primitivste Weise. »Ich komme hier nicht mehr raus!« schreie ich, als säße ich wirklich in meinem Computer gefangen.

Und jetzt kommst du mir auch noch mit »An die Tasten, Senioren!« Für mich ist es der soundsovielte Beweis dafür, daß wir Alten uns tatsächlich fest vorgenommen haben, auf allen Gebieten »am Ball« zu bleiben.

Auf unserer letzten Tagung wurde mir voller Stolz eine Großmutter, 82, vorgestellt, die, zusammen mit ihrem Enkel, einen Computerkurs mitgemacht hatte – »... damit ich mich mit meinem Enkel über Computer unterhalten kann«, erklärte sie.

Und jedenfalls kann meine Freundin, die bis vor kurzem für ihren Lesekreis und ihre Kurse geduldig die Fächer und Stellagen der Stadtbibliothek durchforsten mußte, sich jetzt Hilfe vom Computer holen.

Ja ja, Anne – wir Alten von heute genießen eine Menge Vorrechte. Aber behaglich durchs Leben plätschern: Das geht leider nicht mehr.

Deine Taube-auf-den-Tasten

Liebe Taube –

wir können, gottlob, in den Bibliotheken immer noch die Buchreihen entlanggehen und mit unseren eigenen Augen suchen, was wir finden möchten. Um aber sicher zu sein, daß es wirklich greifbar ist oder bestellt werden kann, muß man den Computer bemühen.

Bei uns am Bahnhof kann man eine Fahrkarte sogar noch am Schalter kaufen und muß sich nicht mit dem Automaten und seinen vertrackten Tasten und Knöpfen herumärgern. Weißt du noch, wie wir in Paris den Fahrscheinautomaten einer Metrostation lahmlegten, weil wir alles falsch machten? Und wie der liebenswürdige Beamte, den wir um Hilfe baten, uns feinfühlig mit den Worten tröstete: »L'être humain est un perpétuel apprenti«*?

Ich hatte es mir notiert, und es hängt in meiner Wohnstube an einer Stelle, die mir immer wieder ins Auge fällt. Es ist nun schon Jahre her, und jetzt wird alles mit jedem Tag ein bißchen schlimmer: Wie drückt, zieht oder dreht man einen modernen Wasserhahn auf? Welchen Knopf muß man betätigen, damit sich im Krankenhaus

* »Das menschliche Dasein ist eine fortwährende Lehrzeit«

68

eine Flurtür öffnet? Als ich zum ersten Mal die RAI-Station betreten wollte, stand ich vor einer nackten Glaswand ohne jeglichen Hinweis, bis sie sich plötzlich wie von Geisterhand teilte und zur Seite schwebte – pffff … Elektronik.

Von den zugeschweißten Plastikverpackungen, denen man mit einer scharfen Schere zu Leibe rücken muß, will ich lieber gar nicht erst anfangen. Ich besitze insgesamt acht Scheren, die – abwechselnd – meiner Raserei über vergebliches Reißen und Zerren ein Ende setzen. Kein einziger Fabrikant scheint an Kunden mit steifen, alten Händen zu denken, obwohl es deren Legionen gibt!

Als man uns im Flugzeug nach Kopenhagen das Mittagsmenü servierte, hantierte ich so verzweifelt damit herum, daß der junge Mann neben mir förmlich vor Mitleid schmolz und sich erbot, mir zu helfen; du saßest da schon anderswo, weil du Schwierigkeiten mit deinem Klapptischchen gehabt hattest.

Der Junge sprach englisch und war sehr freundlich, so daß ich mich zu fragen erdreistete, ob er Engländer oder Däne sei.

»Däne«, sagte er, »aber ich wohne in Washington. Ich will nach Kopenhagen, um meine Eltern zu überraschen: Sie feiern morgen ihre goldene Hochzeit.«

Ich bat ihn, mir bei der Aussprache einiger

dänischer Wörter zu helfen – zum Beispiel für den Käse und den Kaffee, was beides vor uns stand –, und ich erzählte ihm, daß wir unterwegs zu einer Präsentation unseres ins Dänische über-setzten Buches ›M'n bril in de ijskast‹* seien. Der Verleger hatte uns schon ein Lese-Exemplar zuge-schickt, und es lag zufällig griffbereit in meiner Reisetasche. Und auf einmal kam mir eine Idee.

»Ich habe ein Geschenk für Ihre Eltern«, sagte ich und gab es ihm. Er zeigte sich sehr erfreut, fing sofort an, darin zu blättern, und bat mich, es zu signieren; und als du nach der Landung wieder zu deinem Platz zurückkamst, tatest du das glei-che.

Es war eine zufällige Begegnung – eine von je-nen »ships that pass in the night«**, die mögli-cherweise etwas zu bedeuten haben …

Ich habe es nicht vergessen: Eltern, die ihre fünfzigjährige Hochzeit feiern – also um die Achtzig sein müssen. Der Sohn, weit weg in der Fremde, kommt »mal eben« rüber und muß dann zurück über den Ozean; was für eine Entfer-nung! (»Sehen wir uns wieder – oder ist es das letzte Mal?«)

Nein, man spricht den Gedanken nicht aus;

* deutscher Titel: ›Wo ist denn meine Brille?‹
** dem Sinne nach: Schiffe, die in der Nacht vorbeifahren (Unsichtbares, Geheimnisvolles …)

man hält sich ans unverbindliche »... bis zum nächsten Mal ...«

Vielleicht ist Achtzig zu werden deshalb ein so bedeutender Meilenstein: Das Ende rückt näher, man wird sich des Unwiderruflichen bewußt. Wann? Wie lange noch? Auf welche Weise?

Wenn der Mensch noch richtig »funktioniert« (wie es so schön-scheußlich heißt), kann er es für eine Weile verdrängen; verschwinden lassen kann man es nicht.

In Interviews werde ich gelegentlich – wie damals in Kopenhagen – gefragt: »Fürchten Sie sich vor dem Tod? Denken Sie oft daran?« Es ist eine sehr realistische, angemessene Frage. Denn natürlich bangt der Mensch vor dem Unbekannten, dem Endgültigen ... vor dem, worüber niemand berichten kann.

Ich erinnere mich, daß du während eines Interviews einmal zur Antwort gabst: »... aber jeder kann es.«

Das fand ich sublim. Denn so ist es doch, nicht wahr?

Ich erwiderte auf die mir in Kopenhagen gestellte Frage: »Wenn man erst einmal achtzig ist, dann ist der Tod immer zugegen – wie ein Schatten in der Ferne; man kann ihm nicht entweichen, aber man kann ihn auf seine ganz eigene Weise in sein Dasein einbauen.« Wenn man fest daran glaubt, daß es kein Entschwinden für alle Ewigkeit ist (was ich mir kaum vorstellen könnte), sondern ein Fortbestehen in der Begegnung mit dem Allerhöchsten, dann mag es einem weniger schwer werden. Und mit »daran glaubt ...« meine ich: sein Dasein zu leben wagen im Vertrauen auf das Unsichtbare. Könnte es nicht für jedermann ein kreatürlicher Trost sein: der Glaube daran, daß mit dem Tod eben *nicht* alles endet?

Ich habe auf dem Bildschirm mal einen sterbenden Mann gesehen, der kurz vorher an seine Frau geschrieben hatte *(sprechen* konnte er da schon nicht mehr): *»Ich gehe nun allein auf die Reise. Wenn du nachkommst, dann such mich auf der Milchstraße oder beim Großen Bär ...«* Der Mann war nicht gläubig, aber seine Hoffnung war, im Weltall irgendeinen Halt zu finden, der großartiger wäre als alles, was wir auf Erden kennen.

Natürlich beschäftigen sich unsere Gedanken nicht unaufhörlich mit dem Tod – schon gar nicht, wenn man so regen Anteil nimmt an allem, was um einen her passiert; aber ganz verschwunden ist der geheimnisvolle Schatten nie. Und ob man glauben kann oder nicht: es kostet viel Kraft, dem Wissen um den Tod auf friedliche Weise Raum in unserem Leben zu gönnen.

Ich bin sicher, daß für viele von uns Alten der Tagesbeginn das Schwierigste ist. Schlafen ist eine Wohltat – das Erwachen konfrontiert uns unmittelbar mit dem, was der Tag von uns verlangt. Und wenn man alt ist, dann ist das Leben kein Strom mehr – es fließt nicht mehr, es tröpfelt nur noch. Jeder Tag ist ein Tropfen, aber Gott sei Dank gibt es darunter auch solche von klarem Glanz. Man wird wach, man streckt und reckt sich und denkt: Ich bin noch da! Guten Morgen, Bäume! Guten Morgen, Wolken ... hallo, Vögelchen ...

Allerdings: Die Erwartungen von früher gibt es nicht mehr. Wie sehr konnte ich erfüllt sein von der Vorfreude auf eine geplante Reise, auf ein neues Ferienland oder auf irgend etwas Herrliches, das angekündet war ...

Das Umfeld wird kleiner – man muß sich auf die erreichbaren Dinge bescheiden und an ihnen auch die Bedeutung der Tatsache erkennen, daß man überhaupt noch »dabei« sein darf.

Das Allerwichtigste aber ist die Erkenntnis, daß etwas oder jemand uns braucht, daß man irgendwo dazugehört. Du hast deine Kinder und Enkel – ich bin verwachsen mit meinen alten und jungen Verwandten. Die Freundschaft zwischen ihnen und mir ist für mich pures Gold. Wir wissen alles voneinander – auch von den Kümmernissen des einen wie des anderen, zwischen uns gibt es keine Geheimnisse.

Weißt du, was ich so seltsam finde? Daß der Tod, der in den Medien so sehr »in« ist, bei einem

Gespräch »Auge in Auge« kaum jemals zur Sprache kommt.

Ach, Taube – manchmal kommt es mir so vor, als litten viele Menschen nur deshalb an Depressionen, weil sie in dieser Zeit des überzogenen Materialismus dem Ende ihres Lebens völlig ratlos gegenüberstehen.

Deine immer-noch-das-Leben-genießende
Ann

Liebe Ann –

Vorsicht! Natürlich bin ich mit dir darin einig, daß wir auf allen relevanten Gebieten mehr Verständnis für alte Menschen einfordern sollten; Hersteller zum Beispiel sollten nicht nur an flinke, gelenkige und geschmeidige Hände denken, sondern auch an unbewegliche und steife.

Dennoch müssen wir Sorge tragen, bei jungen Leuten nicht eine Art Ungeduld unter dem Motto: »Dürfen wir denn nun überhaupt keine Eigeninitiative mehr entwickeln – müssen wir wirklich immer zuerst an die Alten denken?« zu wecken!

Ich erinnere mich viel zu gut an meine eigene Jugend, da mich die im Umgang mit den Alten auftretenden Hemmnisse oder Einschränkungen (welcher Art auch immer) rasch »auf die Palme bringen« konnten.

Vielleicht lag es daran, daß es in der großen Verwandtschaft meiner Mutter relativ wenig Kinder gab und, infolgedessen, meine Kindheit von einer astronomischen Anzahl Tanten umkränzt und begleitet wurde. Unsere Freundinnen brachen zuweilen in den verzweifelten Ruf aus: »Haben wir denn deine Tanten jetzt *immer* noch nicht alle kennengelernt?«

Und die Tanten waren echte Amsterdamerinnen – betont »anwesend«, laut, impulsiv, herzlich, großmütig und freigebig, gleichzeitig aber geborene Erzieherinnen:

»Mußt du für das Stückchen Weg wirklich mit der Tram fahren? Als ich so jung war wie du, sind wir von Amsterdam nach Haarlem gewandert ...« (Ein einziges Mal! Aber das ist in die Familienchronik eingegangen und wird immer wieder aufgewärmt!)

»Willst du jetzt schon Söckchen tragen? Du vergißt wohl, daß es im April noch eisig kalt werden kann ... Eine Schwalbe macht noch keinen Sommer!« Und: »Was ist das für ein Bengel, mit dem ich dich neulich sah? Weiß deine Mutter davon? Warst du allein mit ihm zu Hause?«

Und da mußte ich diese Flut von gutgemeinten Vorhaltungen wehrlos über mich ergehen lassen und zitterte innerlich vor Ärger und Ungeduld (und manchmal trampelte ich auch ganz ordinär mit den Füßen).

Wie ist das heutzutage mit den jungen Leuten: haben die *keine* Klagen in dieser Hinsicht? Sieh dich um, Anne – es wimmelt nur so von ergrauten Häuptern um uns her.

Als wir auf den Vorschlag einer meiner Söhne einen »gemischten« Urlaub (drei Generationen) in der Toskana verbrachten, kamen wir – die beiden Omas – zu dem zwingenden Beschluß, bei der Wahl unserer Gesprächsthemen mehr Vorsicht walten zu lassen. Wir hatten uns eine ganze Weile lebhaft über außergewöhnliche Begräbnisse unterhalten und angeregt über Euthanasie diskutiert, als wir bemerkten, daß die Gesichter unserer Enkelkinder lang und länger wurden. Die Themen waren ihnen fremd; nein: langweilig. Vorsicht also mit allzuviel »Altenkram«!

Aber einen Vorteil hatte der gemischte Urlaub dennoch: Er hat einmal mehr meinen Gesichtskreis erweitert.

Und trotzdem hast du recht: Die Medien haben es geschafft – der Tod ist »in« (was für eine unsägliche Sinnverstümmelung!). Man betrachte doch nur das Interesse für die Traueranzeigen, was früher in feststehenden, ziemlich steifen Worten zur Kenntnis gebracht und einen gewissen Rahmen nicht überschreiten durfte (*In tiefer Trauer geben wir bekannt ... Die Beerdigung wird stattfinden ...* und vielleicht noch ein Bibelwort, Psalm ... Vers ...). Und dann auf einmal wollen die Menschen ihren eigenen Worten Ausdruck verleihen, wollen auch die Form nach eigenen Vorstellungen gestalten, sogar ohne schwarze Umrandung – die Zeitungen fügen sich jedem Privatwunsch.

Vor ungefähr einem Jahr entdeckte ich den ersten Text in meiner Tageszeitung, die der Verstorbene selber so gewollt hatte: *Ich bin tot, Jan Smit.*

Es hat mich tief beeindruckt, denn kurz vorher war ich heimlich selber mit mir zu Rate gegangen, ob ich einen besonderen Text für den Fall meines Todes hinterlassen sollte.

Eigentlich hat aber der Text von Jan Smit kaum Nachahmer gefunden. Favorisiert wird zur Zeit die Todesanzeige mit einer ausführlichen Liste aller trauernden Freunde und Familienmitglieder – aufgelockert durch kleine Gedichte ganz individuellen Inhalts. In manchen Kreisen schätzt man Verse der Lyrikerin Nel Benschop, aber ich habe auch schon Texte von Bram Vermeulen gelesen. Manchmal protestieren die Hinterbliebenen gegen den Tod: *»Sterben müßt verboten sein – wird viel zu oft getan ...«*

Oft sind es Worte der Toten selber – der Toten, die jetzt nicht mehr als »der/die Verstorbene« bezeichnet werden, sondern ihren eigenen Namen beibehalten dürfen.

Ach Ann – du mußt nicht denken, ich wollte mich darüber lustig machen. Es wäre nicht das erste Mal, daß mir beim Lesen eines mir gänzlich unbekannten Namens die Tränen kommen, als ginge es um ein Mitglied meiner eigenen Familie.

Ich stimme dir übrigens darin zu, daß der Nachdruck, mit dem die Verherrlichung des Materialismus in unserem Dasein betrieben wird, das Wahrnehmungsvermögen für das »Ungreifbare« lähmt, daß er es weitgehend zu betäuben scheint.

Wir sind dem Greifbaren, dem Meßbaren, dem Bezahlbaren verhaftet – doch hier und da kündigt sich auch Wandlung an. Die Sorgfalt, mit der man neuerdings die Traueranzeigen formuliert, zeugen von einer ungewohnten Nachdenklichkeit.

Wir beide haben es doch auch schon erlebt: bei verschiedenen Begräbnissen und Feuerbestattungen, wo die Trauergäste nicht nur Betrübnis zeigten, sondern fast schon den Eindruck machten, als wohnten sie einer würdigen Abschiedsfeier bei.

Menschen, die an einer unheilbaren Krankheit leiden, legen oft genug selber fest, was am Tag ihres Todes geschehen soll. Es können sehr eindrucksvolle Manifeste liebevollen Gedenkens daraus werden und den Hinterbliebenen Friede und Trost vermitteln.

Dies ist zum Teil auch der Initiative junger Menschen zu verdanken. Sie sehen sich durch Seuchen wie AIDS mitten im prallen Leben mit der Verletzlichkeit ihres Körpers konfrontiert und wollen ihrerseits der Außenwelt nicht nur ihr schreckliches Leiden (und natürlich auch ihren Aufstand dagegen) demonstrieren, sondern auch ihre verzweifelte Gegenwehr – das trotzige *Dennoch …*

Ich jedenfalls erkenne auch *das* darin.

Jetzt, da ich deinen Brief noch einmal durchlese, bin ich wieder einmal – wie eigentlich immer – baß erstaunt über deine fast schrankenlose Lebensbejahung. Du hast mir gelegentlich erzählt, wie deine Mutter einmal ausrief: »O Kind, wie du dich freuen kannst!« In diesem Zusammenhang finde ich es geradezu spaßig, daß die beiden Freundinnen, die mir nach allen Erschütterungen, Stürmen und Umschichtungen des Lebens noch geblieben sind, so wunderbar »genießen« können. Auch mir ist – Gott sei Dank – diese Fähigkeit bekannt, aber bei *meiner* Schöpfung muß eine ganze Menge zweiflerischer, wankelmütiger und zögerlicher Materie miteingebaut worden sein.

»Wenn ich meine Augen schließe –
will ich's gerne glauben.
Beim Erwachen
wird der Zweifel
den Glauben rasch mir rauben.«

Das war meines Großvaters Leib- und Magenspruch, den der überwiegende Teil meiner Verwandtschaft noch heute mit Wonne unterschreiben würde.

Es ist komisch, Ann, aber ich kann deine Theorie von »Strom und Tropfen« einfach nicht nachvollziehen. Für mich gleicht das Leben immer noch einem Strom; mit steinigem Flußbett zwar und verunreinigt von allerlei Schlick und Schlamm, aber er wird weiterströmen bis zum Ende meines Lebens.

Heleen

p. s.: Ich bin eine Perfektionistin; nicht auf allen Gebieten (dafür bin ich viel zu schlampig), aber du hast einen Ausspruch von mir zitiert, den ich gern ergänzen möchte. Er stammt übrigens nicht aus einem Interview.

Damals lag ich im Krankenhaus, und ich hatte den Eindruck, als reagiere jedermann hinsichtlich meines Zustandes übertrieben besorgt. Wie kritisch er wirklich war, das begriff ich erst später, und heute bin ich sicher, daß – wenn man mich damals nicht sofort behandelt hätte – ich wie das »Quiselchen« aus dem alten Kinderlied sanft in den Himmel (oder sonstwohin) entschwebt wäre.

Damals also äußerte ich zutiefst verwundert, was mir beim Erwachen aus der Narkose durch den Kopf ging: »Sterben mag schwer sein, aber können tut's jeder ...«

Liebe Taube –

erinnerst du dich, wie wir in Kopenhagen waren und auf der Bank Geld wechseln mußten? Nicht weit von uns entfernt stand wartend eine alte Frau; unter ihrem Hutrand hervor betrachtete sie forschend die Leute um sich herum, und über ihr runzeliges, schmales Gesicht glitt, als sie uns beide ins Visier nahm, ein Schimmer jenes Lächelns, mit dem alte Menschen sich gegenseitig erkennen.

Es kam mir wieder in den Sinn, als ich vorige Tage in einer Geschäftsstraße mit meiner Einkaufstasche todmüde auf einer Bank saß, um mich ein wenig auszuruhen.

»So 'n bißchen in der Sonne sitzen: das tut gut, was?« sagte ein Graukopf, der ohne Eile an mir vorbeikam, und kaum eine Minute später schob eine Dame mit schlohweißem Haar und fußlangem Mantel einen dieser Einkaufswagen mit Stütz- und Gehhilfe vor sich her, verhielt an der Bank und setzte sich neben mich.

»Einen Augenblick Pause«, seufzte sie erleichtert, »das brauchen wir Alten, nicht wahr?« Sie lächelte mir zaghaft zu, und als ich das äußerst praktische Vehikel lobte, vertraute sie mir sichtlich erfreut an: »Ich bin schon zweiundneunzig!«

Keiner von den vorbeihastenden jungen Leuten hatte auch nur einen Blick an mich verschwendet, an das erschöpfte alte Weib, das da hockte – aber es wäre auch gar nicht nötig gewesen. Was mich bewegte, war etwas ganz anderes: Das immer wiederkehrende Bewußtsein des seltsamen Bandes – diese kreatürliche Verbundenheit, wie sie zwischen alten Menschen zu bestehen scheint.

»Wir haben die Jahre vollendet«, signalisieren sie, »und nun sind wir dem Ende ganz nah.«

Ist es das, was uns verbindet?

Ein wildfremder Herr rief mich an und bat um einige Informationen über die WOUW*, worüber er in unserem Buch gelesen hatte. Wir unterhielten uns ganz freundschaftlich – er sei bereits neunzig, sagte er, gehe aber noch jeden Morgen schwimmen, und ich beendete schließlich die Aufzählung der gegenseitigen physiologischen Befindlichkeiten mit der Frage, ob auch er eine Staroperation habe durchmachen müssen. Und begriff im selben Augenblick: Alt und Alt drängt spontan zueinander.

Es ist wie bei Kindern: Egal, ob sie die gleiche Sprache sprechen, sie sind sofort mit der gegenseitigen Lebensweise vertraut. Und ähnlich ist es mit uns, die wir die Achtzig überschritten haben: Unsere »Antennen« richten sich aufeinander, als gehörten wir zu einer heimlichen Bundesgenossenschaft.

---

* siehe: ›Wo ist denn meine Brille?‹

Es scheint, als hätten wir es im Vergleich mit unseren Vorfahren – vorausgesetzt, sie hätten ein so hohes Lebensalter wie wir Heutigen erreicht – doch schwerer. Die Unterschiede innerhalb ihrer Lebensspanne – etwa zwischen 1800 und 1870 – waren bei weitem nicht so gravierend wie die tiefgreifenden Veränderungen zwischen den Jahren von 1915 bis 1995.

Wenn ich an meine Kinderzeit zurückdenke – als wir »Telefonanschluß bekamen« und das Gasstrümpfchen gegen elektrische Beleuchtung ausgewechselt wurde, die mit einem einfachen Schalter zu entzünden war – und Vergleiche mit unserer heutigen, »instant«* per Computer und Laserstrahlen erreichbaren Welt anstelle, dann komme ich mir vor wie auf einem anderen Planeten. Und manchmal fällt es mir schwer, auf diesem unruhigen, überdrehten Planeten mein Gleichgewicht zu bewahren.

Die Traueranzeige, die du in deinem Brief zitierst, klingt zwar originell, scheint mir aber am eigentlichen Sinn einer Todesanzeige: etwas mehr mitzuteilen als »ich bin nicht mehr da«, vorbeizugehen. Für mich ist es nur ein weiteres Symptom unserer sich infantil gebärdenden Gesellschaft.

Und ob kindisch oder spottlustig – letztlich

* sofort, ohne Vorbereitung

84

erweist es sich doch nur als eine Art der Abwehr gegenüber Gängigem, dessen Sinn nicht mehr zu erkennen ist. Man kann die Dinge einfach nicht mehr ernst nehmen: einen Haufen Sandsäcke, als Kunstobjekt deklariert – den in der Meeresbrandung aufgestellten Stuhl für einen Riesen – das Verpacken eines Gebäudes oder einer Brücke – sich zu kleiden, als ginge es zum Karneval oder als sei man Akteur in einem Theaterstück über das Clochard-Milieu …

Und dennoch müssen wir alten Menschen in dieser unbegreiflichen und zusammenhanglosen Welt weiterleben; auch wenn wir zuweilen todmüde und erschöpft sind von all dem, was über uns hereinstürzt wie einer dieser entnervenden Videoclips.

Das Beste für uns scheint mir das einfache Beharren auf dem Boden der Tatsachen zu sein, darin wir wurzeln und auf dem wir den Sinn der Dinge zu erkennen gelernt haben. Und wäre der Boden auch noch so brüchig: Es ist eine Alternative.

Deine Ann

Liebe Ann –

zunächst dachte ich, es sei jemand, der uns auf
dem TV-Bildschirm gesehen hätte, oder einer
meiner Nachbarn, die ich – weil ich so unauf-
merksam bin – immer noch nicht alle genau kenne. Wenn ich dann aber mal ein paar Worte mit
jemandem wechsle, der mir schon verschiedentlich freundlich zugenickt hat, dann begreife ich
auf einmal, daß es zu den natürlichen Ritualen
der »heimlichen Bundesgenossen« gehört – wie
du sie so schön nennst.

So was gibt's auch nur auf dem Dorf, dachte
ich. Als ich kurz darauf aber mit meiner Freundin
darüber sprach (sie wohnt in der Stadt), rief sie
überrascht: »Och, das ist mir auch schon passiert!« Menschen nicken einem zu oder lachen einen an und wecken damit eine Art WIR-Gefühl;
und darin entdecke ich auch Stolz: Wir verstek-
ken uns nicht – wir sind Mitglieder einer besonderen Menschengruppe – wir sind »die Alten«.

Inzwischen hatten wir ein Familientreffen;
nicht in engerem Sinne – nur mit Kindern und
Enkeln –, sondern richtig »global« mit weitver-
zweigter Verwandtschaft, so daß sich Menschen
gegenüberstanden, die vorher kaum voneinander
gewußt hatten.

Wer war wer?

»Ooch – guck mal, der lange Kerl da hinten: das ist Piet W. ...«

»Unmöglich! Piet W. ist doch viel älter!«

»Ach so, ja – dann ist es sein Sohn.«

Und während ich mich mit einer wildfremden Frau unterhielt, machte diese eine Handbewegung, neigte den Kopf und blickte mich prüfend an – und ich murmelte fassungslos: »Aber das bist doch *du*, Marie!«

Am Kalten Buffet vertieften wir uns genüßlich in Generationenprobleme, bis ich einen jungen Mann, der etwas glasig über mich hinwegschaute, entrüstet zurechtwies: »Hey, Kleiner – ich bin die Tante von deinem Vater!« Und – zu näherer Erklärung ansetzend: »Dein Urgroßvater war ... öh – nun: mein Großneffe ...«

Ein nobler, mir unbekannter älterer Herr teilte mir mit, daß auch er nicht dem »Petrus«-Zweig entstamme – »... ich gehöre zum Johannes-Zweig.«

Köstlich.

Ich merke, wie sich mein Horizont erweitert; ich finde mich mitten auf Lebenswegen wieder, die mir bis dato unbekannt waren. Mein durchs Älterwerden geschrumpfter Lebenskreis erfährt plötzlich ein Erdbeben.

Hinter mir höre ich jemanden seine Lebensgeschichte abspulen, und ein näheres Familienmitglied moniert später ungeduldig: »Das hat sie mir nun bereits zweimal erzählt – und jetzt habe ich es zum dritten Mal gehört.«

Und da überfiel es mich wie eine Erleuchtung: Wenn man alt wird, muß man das Zuhören lernen. Unwillkürlich versucht man immer wieder, seine eigenen Themen zur Sprache zu bringen. Jeder hat seine Steckenpferde, die er auf vertrautem Terrain auch virtuos reitet; und wenn zwischendurch ein anderer etwas Unbekanntes einwerfen möchte, versucht man hartnäckig, das Gespräch wieder auf eigene Bahnen zu lenken:

Meine Tochter, mein Haus, mein Nachbar ...

Und das macht einen alt, starr und unfruchtbar.

Ich will mich selber gar nicht davon freisprechen; eh' ich mich dessen versehe, bin ich wieder mitten in der Geschichte »... wie es kam, daß ich damals nach Rußland gereist bin –« oder warum wir beide aus heiterem Himmel heraus anfingen, Bücher übers Altsein zu schreiben.

Gewiß, man hatte mich um das Interview gebeten, aber ich halte es für richtig und sehr wichtig, auch einmal aufmerksam den Schilderungen eines anderen Menschen zu lauschen.

Viele alte Menschen sind sich ihrer »Unart« selber bewußt.

»Mich interessiert nichts mehr«, gestand mir eine Bekannte; sie läßt die Erzählungen anderer an ihren Ohren vorbeiwehen, wartet auf eine

unwillkürliche kleine Gesprächslücke und über-
fällt die anderen sofort wieder mit der Beschwer-
de über den Anstreicher, der ihre Wände neu
tapeziert und so unverschämten Dreck dabei
macht.

Merkwürdig, in einem größeren Kreis von
Menschen, die man nur halb oder überhaupt
nicht kennt, können Gespräche unter Umständen
auch den Charakter der Ausfragerei annehmen:
Wie geht es in anderer Leute Leben zu? Ist das
Ehepaar noch zusammen?

Gibt es Fußangeln oder Zwickmühlen dabei,
die man unbedingt vermeiden sollte? Für gewöhnlich bin ich sehr vorsichtig, aber einmal habe ich – möglicherweise überwältigt von der im
Raum herrschenden drangvollen Enge – einen
Fehler gemacht.

Ich gehe nicht ohne weiteres davon aus, daß in
einer Ehe auch Kinder sind. Es kann ein sehr
heikler Punkt sein, und damals fragte ich ausgerechnet eine meiner Nichten, die ich schon lange
Zeit nicht mehr gesehen hatte, ohne lange Vor-
rede:

»Wie viele Kinder habt ihr?«

Über das noch junge Gesicht huschte ein
Schatten. »Wir haben keine Kinder bekommen«,
sagte sie leise.

Und während ich (meiner eigenen Ansicht
nach recht ungeschickt) einige Sprüche über die

Vorteile einer kinderlosen Ehe von mir gab (mir war in letzter Sekunde der Stoßseufzer eines meiner eigenen verheirateten Kinder eingefallen: »Wenn wir Krach haben, dreht es sich immer um die Kinder«) – befanden wir uns im nächsten Augenblick mitten in der Chronik einer Ehekrise.

Ich muß zugeben, daß ich mir bei diesem Gespräch keine Lorbeeren eingehandelt habe; es scheint, als hätte ich solche Dinge früher besser gemeistert – früher, als ich noch die unerschütterliche Sicherheit besaß, die meinen Gesprächen und Briefen ein gewisses Ansehen oder Gewicht verlieh.

Jetzt ist es so, daß ich beim Versuch, einem Menschen bei der Überwindung seines Kummers zu helfen, nur noch das schreckliche Leid sehe, das ihn bedrückt. Eine Art Scheu – ja, fast: Ehrfurcht – verbietet es mir, mich in allzu bequeme Worte zu flüchten. Trost darf nicht daherplätschern – Trost muß aus tiefsten Tiefen heraufsteigen.

Wahrscheinlich hat sich diese Erkenntnis bei mir durchgesetzt, weil ich mich oft über die glatten Formulierungen ärgere, die manche Leute angesichts der Probleme anderer aufs Tapet bringen.

Einmal lag ich im Krankenhaus neben einer Frau, die zu den typischen Besserwissern gehörte; sie hatte für alles und jedes einen Zauberspruch parat. Sobald jemand im Gespräch die Themen Trauer, Schmerz oder Sorge berührte, rief sie befehlend: »Vorsicht! Nicht den Mut verlieren!«

Es schien ihr die optimale Lösung aller Probleme zu sein: »Nicht den Mut verlieren!«

In Wirklichkeit kann eine solche Phrase niemandem Trost schenken.

Als mein Schwager eben ins Pflegeheim aufgenommen worden war und das Leben meiner Schwester noch in Trümmern lag (später konnte sie doch wieder Ordnung hineinbringen, auch wenn der Kummer dadurch nicht geringer wurde), mußte sie bei zufälligen Begegnungen auch mit Leuten sprechen, die bis dahin nichts von den Geschehnissen gewußt hatten. Ich erinnere mich des Zusammentreffens mit einem Bekannten, dem sie die Geschichte in aller Einfachheit vortrug. Es war kurz vor Weihnachten, und als sie sich voneinander verabschiedeten, rief er munter: »Na denn: Fröhliche Weihnachten!«

Ich habe selten gesehen, wie sich ein Menschenantlitz so verdüsterte. Seitdem bin ich ausgesprochen allergisch gegenüber der Gedankenlosigkeit von Sprüchen, wie sie einem in den Läden oder im Supermarkt um die Ohren fliegen: »… einen angenehmen Abend noch!« Oder: »Schönes Wochenende!« Zumal sie uns meistens genau dann erwischen, wenn man alles andere erwartet als einen »angenehmen Tag oder Abend«.

Die Leute meinen es natürlich gut, aber ich halte es einfach für eine Inflation von gedankenlosen Wörtern, mit denen wir uns gegenseitig kränken.

Deine Taube, deren Bedarf daran gleich null ist

Liebe Taube –

Familientreffen – ich entnehme es deinem Brief –
werden für uns Alte immer komplizierter. Die
richtige Einordnung in Generationen und Stamm-
bäume der einzelnen Familien versagt sich einem
glatt. Ich lernte einen jetzt fünfzigjährigen Nef-
fen (mit Glatzenbildung) dereinst als Baby in
der Wiege kennen; als ich ihm jüngst begegnete,
kam ich einfach nicht mehr dahinter, wessen
Sohn er war: der meiner Kusine oder meines
Bruders.

Ich kann mich noch so konzentrieren – es un-
terlaufen mir immer wieder Fehler wie der, da ich
zu einer meiner Nichten sagte: »Mit Oom Robert
sitze ich nicht gern im Auto – sein Fahrstil ist so
schluderig …« Und dann schoß es mir blitzartig
durch den Kopf, daß »Oom Robert« ihr Vater war.

Ich entdecke immer öfter, wie schwierig es ist,
den Überblick zu behalten – den Überblick über
den Tag, über die Woche und über mein Dasein
schlechthin – über das, was sich in meinen
Schränken befindet und was für Kleider ich habe.

Richtiggehend mit der Nase drauf gestoßen
aber wurde ich erst, als ich plötzlich einen steifen
Arm hatte; das heißt: er war nicht richtig steif,
aber er schmerzte bei der kleinsten Bewegung so
teuflisch, daß ich ihn einfach herunterbaumeln

ließ. Ich war mit einem Mal »enthandet« und versuchte mir zu helfen, so gut es eben ging. Aber trotz der netten Nachbarin, die einmal wöchentlich für mich kocht – trotz des hilfsbereiten jungen Mädchens, das für mich einkauft, und trotz der einmal wöchentlich putzenden und staubwischenden Hilfskraft bin ich – alleinwohnend und meines rechten Armes nicht mehr mächtig – oft genug nah daran, in Panik zu geraten.

Man begreift auf einmal, wie dankbar man sein muß, daß man alle notwendigen Dinge des Körpers: Augen, Ohren und Hände – in zweifacher Ausfertigung besitzt.

Jetzt muß die linke Hand alles allein machen, aber das ist leichter gesagt als getan. Es beginnt damit, daß alles nur im Schneckentempo verläuft.

Hast du schon mal versucht, mit links zu schreiben? Ich habe mein Bestes getan, aber es sah aus wie Arabisch. Tippen: das klappt einigermaßen – mit einem einzelnen linken Finger, aber es ist sehr zeitraubend. Doch das muß man in Kauf nehmen; wenn man nicht normal funktioniert, sollte man nicht auf die Uhr schauen. Spülen mit links geht auch – jedenfalls, wenn man sich damit zufriedengibt, das Porzellan nur ein bißchen zu streicheln. Kraft hat man in der linken Hand nämlich keine – ich jedenfalls nicht. Um meinen Flötenkessel mit Wasser zu füllen, setze ich ihn mit der linken Hand im Ausguß unter den

Hahn, drehe diesen – wiederum mit links – auf, lenke den Wasserstrahl in den Kessel, drehe den Hahn zu und hebe den Wasserkessel heraus; alles mit links. Den Umständen entsprechend ausgesprochen effizient – ich habe, was ich will: Teewasser. Es geht nicht »Schritt für Schritt«, sondern »Hand für Hand«.

Mit links (allein) ein Butterbrot zu schmieren, ist mir leider noch nicht geglückt; aber ich habe mir einen Trick ausgedacht: Butter in eine kleine Bratpfanne geben und zum Schmelzen bringen, Scheibe Weißbrot hinein und fertig. Kartoffelschälen kann ich natürlich auch nicht, also koche ich sie in der Schale; pellen ist kein Kraftakt.

Ich habe mir nie vorgestellt, daß Türen öffnen so anstrengend sein könnte. Jetzt lasse ich sie alle einen Spalt breit offenstehen. Schlimm wurde es aber, als ich die Haustür von außen öffnen und dafür den Schlüssel umdrehen mußte. Keine Chance – jetzt bloß keine Panik! Bestimmt ist einer von meinen netten Nachbarn zu Hause … Zweiter Versuch: das Problem ist gelöst.

Meine Pflanzen! Du lieber Himmel – sie lechzen nach Wasser!

Eine volle Gießkanne ist zu schwer, außerdem gäbe es nur Matscherei. Der Gartenschlauch fiel mir ein. Ich nehme das Ding in die linke Hand, richte es auf die Geranien – und bin klatschnaß; ich habe die Tülle verkehrtherum gehalten. Aber während mir das Wasser aus den Haaren ins Gesicht läuft, muß ich so schrecklich lachen, daß ich nicht mal mehr über meine eigene Dummheit schimpfen kann.

Der Physiotherapeut riet mir, meinem schmerzgeplagten Arm mit dicken Warmwasserstrahlen wieder zu Bewegung zu verhelfen. Also: ab unter die Dusche, die sich in meinem altmodischen Häuschen über der Badewanne befindet; wenn ich duschen will, muß ich in die Wanne steigen. Aber so lange ich mich nicht mit der rechten Hand abstützen kann, um mich auf dem glitschigen Wannenboden im Gleichgewicht zu halten, ist das natürlich viel zu riskant.

Wie entstehen eigentlich die sogenannten »Geistesblitze«? Ich hatte plötzlich einen – noch dazu einen guten: das Anglerstühlchen, auf dem ich mich beim Jäten im Garten immer ausruhe. Es paßte haargenau in die Badewanne. Und so konnte ich – gemütlich sitzend und mühelos mein Gleichgewicht haltend – den Brausekopf auf meine rechte Schulter richten und das wohltuende Naß rieseln lassen. Wenn man derart flügellahm herumtaumelt, zudem noch im Dunkeln, fühlt man sich ziemlich unsicher. Also mache ich Licht, und zwar mit sämtlichen Lampen und Lämpchen, die es in meiner Wohnung gibt. Als mahnendes Beispiel steht mir meine neunundachtzigjährige Kusine vor Augen, der spät abends im Bett einfiel, daß sie ihr TV nicht ausgeschaltet hatte; sie stand auf, stolperte und brach sich die Hüfte.

Und in einem so kreuzunglücklichen Augenblick hat man natürlich sein Alarmgerät – falls man überhaupt eins besitzt – nicht (vorschriftsmäßig) um den Hals hängen.

Dieses Notsignal ist übrigens für uns Alte, wenn wir allein sind und in Bedrängnis geraten sollten, eine großartige Hilfe.

Hin und wieder hört man allerdings auch, daß jemand unglücklich innerhalb seiner Wohnung hinfiel und dennoch keine Hilfe herbeirufen konnte, weil der Pieper – unerreichbar – auf dem Nachtschränkchen lag.

Nun, die allgegenwärtige Technik wird eines Tages auch dafür ein Patent ausknobeln.

Deine einhändige Ann

Liebe Ann –

toll! Daß du ein kreativer Mensch bist, das wußte ich – aber jetzt blieb mir doch für einen Moment die Spucke weg: Da hast du so ganz nebenbei eine Anleitung für das Dasein mit einem Handicap komponiert.

Soll uns das Leben doch abnehmen, was – oder einschränken, wie immer es will –, wir holen ein paarmal tief Luft (auch wenn es weh tut) und machen uns auf die Suche nach den Löchern im Netz, durch die man entschlüpfen kann.

Natürlich bin ich nicht so naiv, zu glauben, jeder Versuch wäre von Erfolg gekrönt – aber es gibt immer wieder kleine Erfolgserlebnisse, die einem das Gefühl der Genugtuung verschaffen.

Worauf ich jetzt aber hinauswill, ist folgendes: Vor einiger Zeit schlugen die Wellen allgemeiner Publizität zu hohen Wogen auf; was inoffiziell längst bekannt war, wurde jetzt in aller Öffentlichkeit breitgetreten: Der französische Staatspräsident hatte nicht nur ein außereheliches Verhältnis (»Mätresse« nennt man die dazugehörige Frau, was ich für eine gleichermaßen scheinheilige wie abscheuliche Bezeichnung halte), sondern auch eine daraus entsprungene Tochter. Und natürlich waren die Erbsenzähler* längst damit beschäftigt, die Kosten für diese Liaison auszurechnen und zu ergründen, ob und wie weit der Staat zu Unrecht damit belastet werde.

Was geht im Kopf solcher Kleinigkeitskrämer vor? Wäre es möglich, daß wissenschaftlich betriebene Buchführung einem geistigen Defekt entspringt?

Jedenfalls entfesselte die Enthüllung nicht, wie es früher Usus gewesen wäre, einen haushohen Skandal; die Scheinheiligkeit gibt es zwar immer noch, aber sie verliert merklich an Boden. Dennoch wird es solches Schattendasein immer wieder geben: Frauen, die nicht den ersten, sondern den zweiten Platz neben dem Mann einnehmen, die ihm treu sind und treu bleiben, die ihm Halt geben und Liebe schenken und nicht nur das: vielleicht sind sie sogar das hellere Licht in seinem Leben.

Fest steht allerdings, daß die meisten dieser Frauen keine Anerkennung finden; denn offiziell gibt es sie nicht und darf es sie nicht geben. Wenn der geliebte Mann in der Öffentlichkeit auftritt oder seine Pflichten innerhalb der eigenen Familie wahrnimmt, sitzen sie allein zu Hause; es gibt ihrer viele. Könnte es nicht sogar sein, daß all jene,

---

* engstirnige, nur die äußeren Fakten erkennende Menschen

die als »ledig« gelten, schon einmal einen Partner gehabt hatten? In neun von zehn Fällen wäre es jedenfalls ein verheirateter Mann gewesen: »ungebundene« Männer sind ja – wie immer man es auch betrachten mag – rare Artikel. Männer der mittleren Altersklasse sind verheiratet, haben Familie und werden später als Artikel noch rarer; viele von ihnen sterben früh, und die wenigen überlebenden finden reißenden Absatz in der Frauenwelt. Ja, wahrhaftig: Was zum Schluß noch präsent ist, sind größtenteils Frauen – zu Recht also: Frauenwelt.

Neulich sprach ich mit einem Wesen, das sich aus einem solchen Verhältnis zu lösen versuchte.

»Es wird ja doch nichts«, sagte sie mutlos. Sie war noch relativ jung, hoffte vielleicht auf eine Beziehung, die handfestere Aussichten böte.

Natürlich habe ich ihr gut zugeredet, aber gegen meine eigene Überzeugung: Ich sah kommen, daß es keine feste Beziehung für sie geben würde.

Und etwas später teilte sie mir mit: »Jetzt fühle ich mich eigentlich wieder frei; ich habe ihn gebeten, nicht wiederzukommen. Ohne diese ewige Unsicherheit ist mein Leben doch viel angenehmer ...«

Das Wörtchen »doch« machte mich hellhörig; es besagt ja nichts anderes, als daß es auch andere Überlegungen bei dieser Sache gegeben hatte, daß sie »doch« froh gewesen war, als er sich jeweils meldete und sie zusammengewesen waren – kurz und gut: daß sie sich immer danach gesehnt hatte.

Die Außenwelt – die Menschen um einen her – verstehen es nicht.

Das ist ein weiterer Teil des allgemein bestehenden Weltschmerzes: die vielen Nörgler, die nichts anderes können, als den Kopf zu schütteln, über alles zu urteilen und alles zu verurteilen:

»… eigentlich müßte man doch …«

»Sie ist einfach zu labil …«

»Ja, das könnte ihm so gefallen …«

Man kann nicht »darüber« reden, derweil man doch so vieles gern erklären möchte.

Als ich klein war – ja, hör gut zu, Ann: Ich war ungefähr acht, und das ist jetzt siebzig Jahre her –, da gab es solche Dinge auch schon; auch wenn die junge Generation meint, sie hätte die Liebe und den Sex erfunden.

In Buenos Aires lernten wir ein niederländisches Ehepaar kennen, dessen männlicher Teil eine Freundin hatte; eine Freundin mit Kind.

Es war kein Geheimnis, und die Ehefrau wußte es auch. Zugegeben: sie war eine ungewöhnliche Frau – sie war weder eifersüchtig, noch fürchtete sie die andere; sie nahm ihre Existenz einfach zur Kenntnis.

Ich gäb was drum, wenn ich wüßte, ob und wie sie sich damit auseinandergesetzt hat oder ob sie es einfach akzeptierte. Jedenfalls versuchte sie nicht, die Rivalin aus dem Weg zu räumen.

Als sie später wieder in Holland wohnten, bekam sie von ihrem Mann einen Pelzmantel geschenkt; es machte sie sehr nachdenklich, und schließlich sagte sie, Marie (die Freundin) müsse auch einen bekommen.

Heutzutage braucht man solche »Mesalliancen« nicht mehr so krampfhaft zu verheimlichen, aber meistens gewinnen Eifersucht und die Angst vor dem Verlust doch die Oberhand. Jeder verteidigt sein Terrain. Wenn es nicht zur Scheidung kommt, muß alles getan oder unterlassen werden, um den Bestand der Ehe zu sichern. Und wenn man sich einbildet, die Öffentlichkeit stünde im großen und ganzen hinter einem, dann kann es durchaus passieren, daß man plötzlich ganz dumm aus der Wäsche guckt: Gehässigkeiten und spöttische Bemerkungen sind an der Tagesordnung, und wenn jemand obendrein im öffentlichen Leben steht, muß oft genug schmerzende und verletzende Geheimhaltung gewahrt bleiben.

Warum sie sich nicht scheiden lassen?

»Über die Gründe, weswegen sich die Leute *nicht* scheiden lassen, kann man ganze Bücher schreiben«, sagte kürzlich eine Psychologin, die sich anbot, bei außerehelichen Beziehungen mit Rat und Tat zu helfen ...

In dieser verrückten Zeit gibt es eben nichts, was es nicht gibt. Und doch meine ich, daß – wenn man sich eines Tages in einem so unwirklichen Verhältnis wiederfindet – man nicht wirklich lebt. Was den wichtigsten Teil eines Menschenlebens ausmacht, darf nicht anerkannt oder besprochen werden.

»Na, und?« Das war Mitterrands Reaktion, als er vor mehr als zehn Jahren wieder einmal nach seiner außerehelichen Tochter befragt wurde. Kein Leugnen, keine Scham; es gab sie. Na, und? Großartig, wenn ein weltbekannter Vater eine so unerschrockene Antwort gibt.

Trotzdem: Wenn er sich in der Öffentlichkeit zeigen mußte, gab es die Frau nicht. Ich kann mir nicht vorstellen, daß man sich ein solches Los mit vollem Bewußtsein aussucht. Als junge Frau würde man es mit Nachdruck ablehnen; man würde sich nicht vorstellen können, sich damit abfinden zu müssen. Und dann hat man sich plötzlich verliebt und steht vor der Wahl: entweder – oder.

Man lernt, sich zu arrangieren – bleibt jedoch, vor allem anfangs, immer auf der Suche nach einer Möglichkeit, den Dingen eine andere Richtung zu geben. Wenn es aber nicht anders mehr geht, trifft man seine Entscheidung; und manchmal stellt sich der eingeschlagene Weg dann als ein Dasein im Schatten heraus.

Ein paar Wochen später gab es eine neuerliche Begegnung mit der jungen Frau, die ihren Freund gebeten hatte, sie nicht mehr zu besuchen, weil sie allein weiterleben wollte. Es müsse alles aus sein, hatte sie erklärt, und sich danach wie befreit gefühlt.

Nun, er kam trotzdem wieder; er war zurückgekommen und mit ihm die alte Unsicherheit – plötzlich und unerwartet aber gab es auch wieder das intime Zusammensein und die damit verbundene Erfüllung.

Es hatte den Ausschlag gegeben. Sie sah viel besser aus als bei unserem vorherigen Treffen.

Ich entsinne mich einer Todesanzeige, in der eine Frau, die immer nur der Schatten im Hintergrund gewesen war, zum ersten Mal ins Licht trat und ihre Vergangenheit mit ihm beleuchtete: *»Mein Freund und Lebenskamerad ist gestorben.«*

Es muß sehr schmerzlich sein, einen so wichtigen Teil seines Daseins totschweigen zu müssen.

Heleen

Liebe Taube –

ich finde es großartig, daß du dich einmal derjenigen Frauen annimmst, die – jetzt in der Endphase ihres Lebens – früher keine Möglichkeit hatten, sich über den Urgrund und den Kern ihres Daseins gegenüber der Öffentlichkeit zu äußern.

Einige dieser Frauen habe ich gut gekannt. Als Journalistin reist man ja öfter auch in Gruppen und ist, mehr als sonst, miteinander verbunden. Die vertraulichen Mitteilungen kommen ganz von selber, wenn anfänglich auch nur zögernd; doch dann werden sie immer offenherziger und enden in tiefschürfenden Enthüllungen: Gewissensfragen. Früher mehr als heute?

Jeder Mensch schleppt sein eigenes heimliches Kreuz mit sich herum.

Die Frau aus deinem Brief, die den Tod ihres Freundes in der Tageszeitung bekanntgab, habe ich gekannt; ziemlich gut sogar. Sie und ihr Freund hatten während des Krieges im Untergrund* gelebt und später als Journalisten konstruktive Arbeit geleistet. In Gesprächen hatte sie aus ihrer Beziehung zu ihm nie ein Geheimnis gemacht. Kurz vor ihrem (plötzlichen) Tod – sie

---

* niederld. Widerstandskämpfer im 2. Weltkrieg

war achtzig – wurde sie in einer Fernsehsendung interviewt; auf welchem Sender – das weiß ich leider nicht mehr, aber der Grünschnabel von Interviewer schien sich vorzukommen wie der Reuß aller Reußen. Er stellte ihr in ziemlich unverschämtem Ton (den genauen Zusammenhang weiß ich leider auch nicht mehr) die Frage: »Was wissen denn Sie – eine unverheiratete Frau – *überhaupt* davon!«

Ich nehme an, daß es sich um das Thema Sexualität drehte, aber genau weiß ich es wirklich nicht mehr. Jedenfalls war ihre Antwort entsprechend. Sie begann zwar nicht mit »Och, junger Mann –«, aber ich merkte, daß es ihr auf der Zunge lag, und es hätte haargenau zu dem gepaßt, was dann folgte: »... ich hatte bereits jahrelang ein Verhältnis, als ihr noch nicht wußtet, was das Wort ›Latte‹* bedeutet ...«

Ich saß allein vor dem Bildschirm und klatschte Beifall. Ich kannte sie als starke, sehr positive Frau – sie war gläubig, und sie wußte immer, was sie tat. Sie überließ es dem Publikum, selber zu urteilen – aber was weiß ein Außenstehender schon von persönlichen Motiven oder von besonderen Umständen wie etwa der Inkompetenz des gesetzlich angetrauten Partners!

Urteilen: das ist nicht dasselbe wie verstehen –

* erigiertes männl. Glied (vulg.)

wie das Begreifen dessen, was tiefinnerlich in einem Menschen lebenslang brodeln kann.

Die Manie des Sichentäußerns, die Preisgabe der persönlichen Intimsphäre ohne den geringsten Ansatz von Scheu oder Scham ist typisch für unsere Zeit. Früher gab es doch noch so etwas wie Zurückhaltung oder auch Verschwiegenheit. Unzweifelhaft mußten sich Frauen, die damals ihren Weg allein bestimmen wollten und ein illegales Verhältnis einzugehen wagten, viel gefallen lassen und manchen Kampf durchstehen: viel Kummer – als Preis für ein bißchen Glück, Erfüllung und Halt; und das Glück zudem nur in Häppchen und im Verborgenen und immer mit der Angst vor dem Entdecktwerden im Nacken. Die Dichterin Vasalis hat es einmal so ausgedrückt:

> »Viel weher tut als Scheiden,
> einander zu müssen meiden.«*

Was mich bei dieser sogenannten »wilden Ehe« dennoch ein wenig erstaunt, ist der Umstand, daß es dabei nicht ausschließlich um den physischen Aspekt ging, sondern daß die enge Bindung in kulturellem Gebiet wurzelte: im Erkennen der gleichen Vorstellungen und Ideale.

Ganz deutlich geht dies auch aus dem Buch der

* frei übersetzt

Autorin Renate Rubinstein: ›Mein besseres Ich‹ hervor – dem Tagebuch ihrer späten Liebe mit Carmiggelt. Meiner Meinung nach hätte sie dieses Buch aber nicht publizieren dürfen, denn das Verhältnis betraf ja nicht nur sie selbst, sondern auch jemand anderen.

Vor den sechziger Jahren wäre es undenkbar gewesen, daß Fons Jansons ›Posthum‹ erschienen wäre – »... *intime Betrachtungen über Gott, über die Liebe und den Tod – zusammengestellt von seinen Freunden*«.

Eine weitere Beziehung, bei der die kulturelle Seite der bestimmende Magnet für eine Freundschaft war.

Wie schnell hat sich doch für uns Frauen zwischen dem Motto: »... sieh zu, daß du heiratest – sonst bleibst du sitzen –« und dem selbstbewußten Wesen, das mitdenkt, mitbestimmt und mitherrscht, die Welt verändert! Es ist kaum zu glauben, daß die »unverheiratete Frau« – wie ihr negativer Status lautet – noch jahrelang nach der Emanzipation »Juffrouw«* genannt wurde. Zu

---

* »Juffrouw« bedeutet eigentlich »Fräulein« und wird (wurde) als Anrede für junge Frauen, heranwachsende junge Mädchen – aber auch für Frauen einfachen Standes benutzt. Als Anrede für ältere Frauen wird es als herabsetzend empfunden – die heutigen Niederländerinnen betrachten es sogar als Beleidigung. Ein seltsames, aber sehr empfindsames Phänomen!

Beginn ihrer Karriere wurde sogar eine Frau wie Marga Klompé, die so manchen Mann hätte in die Tasche stecken können, immer noch »Juffrouw« Klompé genannt.

Ich weiß noch, wie empört du warst, als wir zusammen irgendwo eingeladen waren und eine Frau, die eine besondere Funktion hatte, von einem betont konservativen Herrn als »Juffrouw« begrüßt wurde. Es lag etwas Herabsetzendes darin: Wer nicht zu einem Mann gehörte, zählte eigentlich nicht. Man gehörte nicht »dazu«, war nicht »Mevrouw« – »gnädige Frau« – nicht einmal eine »Gnädige«, wie Annie M. G. Schmidt[*] sie erfunden hat: »... aufgrund der Stellung meines Mannes und dank meinem Korsett.«

Ich hab' noch so eine nette Geschichte, aber dann mache ich endgültig Schluß mit diesem Brief, denn über dieses Kapitel könnte ich ein ganzes Buch schreiben:

Es ist jetzt ein paar Jahre her, daß ich auf einer Abendgesellschaft den Vorsitzenden einer nicht unbedeutenden Institution kennenlernen sollte. Er kam, streckte die Hand aus und fragte: »... Mevrouw – oder Juffrouw Biegel –?«

[*] sehr populäre niederländische Kabarettistin, Autorin und Dichterin

Ich schalte manchmal nicht so schnell, aber ich war so wütend, daß ich schnippisch erwiderte: »Anne Biegel.«

»Die abscheulichen Männer«, dachte ich in meinem Zorn, »immer wollen sie es ganz genau wissen – und sich selber können sie so prima hinter ihrem ›Mijnheer‹ verstecken ...«

Deine schlaue Ann

Liebe Ann –

eigentlich gehöre ich gar nicht in diese Zeit mit all ihren technischen Möglichkeiten; mobil fühle ich mich nur, wenn ich mich mit den Fahrzeugen des öffentlichen Dienstes fortbewegen kann.

Ich war achtzehn, als ich mich für den Führerschein anmeldete; zweimal fiel ich durch – und seitdem habe ich kein Steuerrad mehr angerührt. Von elektrischen Dingen verstehe ich nichts – sie flößen mir nur Angst ein.

Als meine unternehmungslustigen Kinder noch Dreikäsehochs waren, habe ich gewissenhaft alle für sie erreichbaren Steckdosen zugeklebt; und als sie später dann selber mit der Elektrizität zu experimentieren begannen – meine Abscheu vor der Technik hatte inzwischen alle Abgründe der Angst durchlitten (die Kinder waren unermüdliche Tüftler und Erfinder) –, da rief ich noch bei jeder passenden oder unpassenden Gelegenheit warnend: »Vorsicht! Du kriegst einen Schlag …« Worauf unweigerlich die unwillig-verwunderten Mienen, das Schulterzucken und das leicht gelangweilte Murmeln: »Och, Mami …« folgte.

Na gut: Ich bin eine technische Niete und kann den Dingen, die von anderen Leuten mit Vergnügen benutzt werden, nichts abgewinnen. Selbst wenn ich – mit aller gebotenen Vorsicht! – ein bißchen auf meinem Computer herumstochere, weiß ich doch nie, was schließlich dabei herauskommt. Es passieren unerklärliche Dinge.

Meine Texte verschwinden im Nichts; oder: Wenn ich den Printer einschalte und nicht höllisch aufpasse, druckt er alle Texte aus dem Speicher aus, und die Teile, die ich lösche, kommen – unabwendbar wie das Schicksal – wieder zum Vorschein.

Oder nimm doch nur das Telefon!

Na und? wirst du denken, was soll los damit sein? Kannst du nicht ganz gemütlich, ohne auch nur einen Schritt vors Haus setzen zu müssen, über Berge und Meere hinweg mit deinen Kindern oder mit Freunden palavern ...

Richtig, und trotzdem stöhne ich mindestens einmal am Tag: »Dieser verflixte, blöde Kasten ...«

Natürlich hat das nichts mit der Technik an sich zu tun. Mich stört lediglich die Tatsache, daß etwas dabei geschieht, worauf ich keinen Einfluß nehmen kann; ich bin gezwungen zu reagieren, auch wenn ich im Augenblick etwas ganz anderes tun möchte oder muß.

Gesteuert von einem launischen Zufall, bimmelt es (nein, es liegt nicht an der Klingel, meine Kinder haben sie längst auf »leise« gestellt!), es bimmelt also immer im falschen Moment: Ich stehe entweder unter der Dusche (ja, ja – ich höre sie *wirklich!*) oder ich komme justament von außen her ins Haus und muß durchs Wohnzimmer spurten, um den Anrufer nicht zu verpassen – und wenn ich dann atemlos den Hörer abnehme, ist am anderen Ende gerade aufgelegt worden; manchmal höre ich sogar noch das letzte »klack«.

Oder der Anrufer reißt mich mitten aus einer interessanten Fernsehsendung, die ich unbedingt sehen wollte.

Nun ja, also: mal eben kurz hinhören …

Von wegen »kurz«!

Meine Altersgenossen betrachten das Telefon als legitimes Transportmittel für lange und ausführliche Gespräche. Und deshalb (ich weiß, daß man so was nicht tun sollte!) ziehe ich manchmal einfach den Stecker aus der Wand: Himmlische Ruhe – Gott sei Dank.

Aber – es ist komisch: das gefällt mir auch wieder nicht. Was wäre, wenn inzwischen etwas passierte …

Und selbst wenn nichts passiert – wenn irgend jemand nur eben das Bedürfnis hätte, eine vertraute Stimme zu hören, etwas mitzuteilen oder sein Herz zu erleichtern …

Für alte Menschen ist das Telefon doch oft das einzige Fädchen, das sie noch mit der Außenwelt verbindet, die einzige Möglichkeit, selber zu reden, zu spüren, daß sie noch dazugehören …

Woher nehme ich das Recht, diese Verbindung zu kappen, diesen Weg einfach zu blockieren ...

Und dann schalte ich rasch wieder ein und werde auch sofort angerufen.

»Oh, ich dachte, du wärst nicht zu Hause«, die Stimme klingt etwas verwirrt, »ich hab' heute noch mit keinem einzigen Menschen gesprochen und wollte nur eben ...«

Nun ja, es macht mich ein bißchen nervös, und ich versuche ihr auch ganz deutlich zu sagen, was ich heute schon alles getan habe und noch tun muß und was für wichtige Verpflichtungen ich habe und daß ... Und auf einmal spüre ich – und ich kann nicht einmal erklären, wieso –, daß *sie* im Recht ist. Es ist dasselbe Gefühl, das mich beschleicht, wenn ich von alten Leuten höre, die sich von ihrer Altersrente nicht einmal die einfachsten Dinge »leisten« können – ein Gefühl wie: »Das darf doch nicht wahr sein, dafür sind wir doch *alle* verantwortlich ...«

Ein Gefühl der Solidarität. Wir Alten müßten füreinander einstehen, aber wir geben uns viel zu wenig Mühe.

Ein mitleidiger Seufzer (eigentlich bin ich nämlich gar nicht besonders liebenswürdig, Ann!) – und dann beschließe ich widerwillig: »Gut, daß es das Telefon gibt ...«

Dein Brummpott

Lieber Brummpott –

vielleicht hast du das ja auch schon erlebt: Das Telefon klingelt, du nimmst den Hörer auf und … Totenstille.

»Naja«, denkst du, »das kann passieren: Irrtum.«

Aber dann passiert das gleiche noch einmal … und noch einmal. Es macht mich rasend.

Einer meiner Brüder versicherte mir, es läge an einem falsch benutzten Fax; und da müssen wir armen Schuldlosen dann darunter leiden.

Je älter man wird und je weniger man sich auskennt, um so mehr fühlt man sich bedroht von all den technischen Möglichkeiten in unserer Atmosphäre; sie sind wie ein Tintenfisch mit tausend Tentakeln und machen unser Leben unsicher.

Was ist ein Mensch?

Was ist ein alter Mensch, der als Kind noch die ersten Telefone und Automobile erlebt hat?

»Der Mensch ist seine Geschichte«, sagte der Psychologe Kees Schouten an jenem Tag, als das Thema ›Gemeinsam nachdenken und reden über die Versorgung alter Menschen in Pflegeheimen‹ zur Sprache kam. Weißt du noch, wie mitreißend sein Vortrag war?

Man begriff auf einmal, daß man nicht einfach

über jemanden urteilen darf (und ihm kam es dabei vor allem auf alte Menschen an), mit dem man in Berührung kommt und den man kritisch betrachtet. Wie verlief ihr/sein Leben? Was hat sie/er in ihrem/seinem Leben verletzt, verwundet, bereichert oder angerührt? Je älter jemand ist, um so weiter reicht seine Geschichte zurück.

»Alte Leute reden immer über früher, weil sie von der Zukunft nichts mehr zu erwarten haben«, sagte jemand zu mir.

Gewiß – das kommt vor, aber man kann nicht alle alten Menschen über einen Kamm scheren, wie es nur allzu oft praktiziert wird. Ich jedenfalls finde diese Aussage anfechtbar. Was, zum Beispiel, erwarte ich selber, die ich hoch in den Achtzigern bin, noch vom Leben?

Alles Mögliche!

Ich bin stark daran interessiert, wie das Leben um mich her weitergeht. Und wenn mein Leben auf dieser Erde plötzlich zu Ende wäre? Nun, was ich mir für »danach« erwarte, übertrifft alles, was ich in Worte kleiden könnte. Es ist ein Mysterium, von dem wir uns keine Vorstellung machen können. Vielleicht gibt es Menschen, die ihren Scheintod »erlebt« haben und der festen Überzeugung sind, sie hätten aus diesem Grenzgebiet einen Schimmer des »Danach« herübergerettet.

Niemand aber kann Konkretes darüber berichten – es ist das bestgehütete Geheimnis der Menschheit. Wer im Rückhalt seines Glaubens lebt – auch das ist eine Gnade! –, der hat vom Leben nach dem Tod ganz bestimmte Vorstellungen. Wissen und beweisen aber kann niemand etwas.

Annie M. G. Schmidt mit ihrem köstlichen Humor und ihrer gleichzeitig pragmatischen Lebensbetrachtung sagte, als sie einmal danach befragt wurde, für sie sei das Leben ein Kreislauf ohne Anfang und Ende: immerwährende Fortbewegung ...

Fast jeder Mensch lebt mit einer Erwartung, auch wenn er sie nicht zu beschreiben vermöchte; sie hilft ihm, die letzten, mühevollen Lebensjahre zu ertragen – und mühevoll ist diese Zeit tatsächlich. Wir können es täglich bei unseren Altersgenossen beobachten, und auch wir beide wissen es: Hin und wieder ist man zu Tode erschöpft. So geht es mir manchmal auch durch den Kopf: »Ich habe mich müdegelebt.«

Vor etwa sieben Jahren schrieb ich in mein Notizbuch – ich nenne es mein ›Lebensbüchlein‹:

»Ich fühl' mich einer alten Blume gleich –
vom Blühen, Reifen, von der Sonne müd',
vom nassen Regen und vom groben Wind ...
Doch mich ergeben:
　　　　　　nein – noch will ich's nicht.«

Und das will ich auch heute, lange Zeit danach, nicht. Ich bin immer noch unterwegs – es heißt: weitergehen, einfach den nächsten Tag ausfüllen, vielleicht ein wenig langsamer als gestern. Man muß versuchen, den Schmerz über die ständig sich mehrenden Verluste geliebter Menschen zu bewältigen; Menschen, die ein Teil unseres Lebens waren.

Du und ich, wir haben in den letzten Monaten viel Anlaß zur Trauer gehabt. Der Tod eines über alles geliebten Menschen, der einen kannte bis auf den tiefsten Grund der Seele, kann plötzlich sehr einsam machen. Es ist, als würde eine altvertraute Stube leergeräumt – Stück für Stück, gestern dies und heute das und morgen vielleicht eine kleine Truhe, die so viele liebenswerte Dinge enthielt, an denen ich mich immer wieder erfreuen konnte.

Dennoch: Das Verlorene bleibt Reichtum; es ist vorbei, aber es ist nicht verschwunden. Die Gewißheit des Reichseins bleibt, weil das Besessene immer Besitz bleiben wird – wenn auch unsichtbar und nicht mehr greifbar.

Es gibt Dinge, die nie vergehen …

Deine Ann

Liebe Ann –

ich muß noch eben auf den Computer namens Fax zurückkommen; und dabei hatten wir uns doch geschworen, uns nie damit abzugeben. Wir wären zu alt dafür, den wollten wir anderen überlassen; doch eh' wir uns dessen versahen, saßen wir mittendrin. Natürlich rufe ich jedes Mal, wenn das Telefon klingelt und sich anschließend in Schweigen hüllt, voll gerechten Zornes: »Das ist wieder das blöde Fax! Jemand aus der Nachbarschaft, der eine falsche Nummer getippt hat!«

Seit kurzem hat meine Freundin (sie wird dieses Jahr achtzig) auch eins; ein Prachtexemplar! Zunächst klappte gar nichts, und sie bekam täglich Besuch von fachkundigen Männern und Frauen (jawohl, richtig gelesen: Frauen!), die dem Fehler hinterherspürten. Es war immer richtig nett – so mit Kaffee und Kuchen und allem Drum und Dran. Gott sei Dank (oder: leider) ist der Fehler inzwischen entdeckt und abgestellt worden, aber das hindert sie nicht daran, mich laufend anzurufen und um Rückruf zu bitten, damit sie ihr Fax kontrollieren kann. Ich weiß nicht, wozu, aber so genau will ich es gar nicht wissen. Also rufe ich an.

Wozu braucht sie das Ding überhaupt?

Nun, ihre Gründe leuchten mir ein. Sie hat eine

Tochter mit Familie – zwei Enkel, an denen sie sehr hängt – in Griechenland, und mit dem Fax hat sie ihre Lieben ein gutes Stück näher bei sich. Keine Briefe mehr ins Ungewisse, nicht mehr wochenlang auf Antwort warten müssen, nein: richtiger, unmittelbarer Kontakt. Sie genießt es!

Und denk nur mal an früher: Verwandte in Indonesien – die waren doch so gut wie verschollen.

Hattest du übrigens von meinem letzten Brief den Eindruck, ich sei brummig? Das verstehe ich nicht; aber wir betrachten das nun mal unterschiedlich.

Und wenn: naja, dann brumme ich eben noch ein Weilchen weiter. Hast du das schon einmal erlebt, Ann: Morgens wirst du wach mit dem scheußlichen Gefühl: »Was hab' ich gestern nur für Quatsch gemacht ... wie ungeschickt habe ich formuliert ... *so* habe ich das doch gar nicht gemeint!« Warum denke ich nicht vorher gründlich nach? Warum plappere ich immer alles nur so heraus?

Es ist ein Dilemma, das mir seit frühester Jugend bekannt ist. Eine Faustregel der Psychologie lautet: »Der Mensch muß sich selber lieben.« Ach Ann, wenn du wüßtest, wie zuwider ich mir manchmal selber bin ...

Als ich jung war, nahm es zuweilen sogar groteske Formen an. Dauernd dachte ich, mich nirgendwo »mehr sehenlassen« zu können, weil ich mich (meiner festen Überzeugung nach) lächerlich gemacht hätte: »Berge, schließt euch über mir ... Verkriech dich in eine Ecke und laß dich nicht mehr blicken!«

Die Zeit – o Wunder! – glättet mit freundlicher Hand solch quälende Vorstellungen. Man kommt zu der Einsicht, daß die Leute das, was einem selbst als Katastrophe erschien, nicht einmal zur Kenntnis nahmen.

Nun ja, so lange man jung ist, glaubt man an die Endgültigkeit der Dinge: Ist etwas Schreckliches passiert, dann kann das – davon ist man überzeugt – nie mehr gutgemacht werden. Ist man unglücklich, dann wird selbstverständlich nie mehr die Sonne scheinen. Und wie wütend wurde man, wenn man mit Schlagworten wie »Die Zeit heilt alle Wunden« oder »Man gewöhnt sich an alles!« überschüttet wurde ...

»Das ist nicht wahr!« rief ich verzweifelt. »Das wird *nie* vorübergehen!«

Daß, zum Beispiel, auch Kummer vorübergehen könnte, war schon fast Verrat; und just über dieses Gefühl bin ich lange Zeit nicht hinweggekommen. Kurz nachdem Bob gestorben war und ich spürte, daß Gewöhnung und Gewohnheit sich breitzumachen begannen, las ich in einer Todesanzeige: »Wir sind untröstlich.«

In Zeiten der Trauer verfaßt man gelegentlich

Gedichte (oder was man dafür hält), und so begann denn auch mein nächstfolgendes: »*Oh, möcht dein Herz untröstbar bleiben ...*«

Findest du das komisch – oder könntest du dir vorstellen, daß man seinen Gefühlen treubleiben und nicht getröstet werden *will*? Daß es zu der Treue gehört, die man einander geschworen hat?

Nach dem schrecklichen Flugzeugunglück vor ein paar Jahren sprach ich mit einer guten Bekannten, die ihren Sohn dabei verloren hatte. Kann einem Menschen Schlimmeres passieren als *dies*?

Aber dumm genug: Auf einmal möchte ich – wider bessere Einsicht – doch ein paar Trostworte sagen.

Es war *wirklich* dumm, denn in einer solchen Situation bleibt für nichts anderes Raum als für Schmerz.

»... nur mit der Zeit, irgendwann in der Zukunft –«, so begann ich (und noch heute begreife ich nicht, daß ich es über die Lippen brachte), »wird es so etwas wie Gewöhnung geben ...«

Damals war es bis »irgendwann« noch weit hin – noch mußten Trauer und Verzweiflung durchgestanden werden; ich sah es ihrem Gesicht an, daß ich ihr nur größeren Schmerz zugefügt hatte.

Als ob Trost je etwas anderes sein könnte, als still beieinander zu verweilen, Resonanzboden für die Klage des anderen zu sein und sich für ein paar Stunden zu mühen, gemeinsam mit dem Trauernden das erste Elend zu überstehen.

Natürlich hatte ich insofern recht, als man sich mit der Zeit wirklich daran gewöhnt. Aber es ist das Wort an sich, was ich so unzutreffend finde; es besagt ja nicht, daß es den Schmerz nicht mehr geben wird, sondern nur, daß man den veränderten Zustand des Lebens zur Kenntnis nimmt: das tiefe Loch, die Schramme, der nicht wiedergutzumachende Schaden.

Man lebt damit, obwohl man es für unmöglich gehalten hätte. Es war die Grenzlinie zu dem gewesen, wovor die Gedanken entsetzt zurückwichen: das Ende. Aber es war nicht das Ende.

Heutzutage widmet man dem Tod mehr Aufmerksamkeit denn je zuvor. Ist es nicht erstaunlich, daß wir die äußeren Zeichen der Trauer so vernachlässigen? Wer trägt noch schwarze Kleidung oder Trauerflor am Ärmel? Sogar die Trauergemeinde in der Aussegnungsstätte ist nicht schwarz gekleidet, und selbst im Trauerzug sieht man Buntes – alle Vorschriften in dieser Beziehung sind abgeschafft worden; keine sechs Wochen Trauer mehr hinterher – ganz zu schweigen von anschließender dreiwöchiger Halbtrauer. Wenn es sich so ergibt, geht man auch in derselben Woche noch ins Theater oder Restaurant, und kein Mensch mokiert sich darüber.

Im Innern aber bleibt die Trauer bestehen; mag man auch hierhin oder dorthin gehen, dieser oder jener Einladung zum Geburtstag oder zu einer besonderen Veranstaltung Folge leisten – auf einmal überkommt einen das Gefühl: Was tust du eigentlich hier? Warum – um aller Heiligen willen – bist du überhaupt hierher gegangen?

Und die Menschen um einen her sind einem plötzlich fremd, scheinen einem sogar fast ein bißchen feindlich gesinnt zu sein. Es sind »andere Leute« – Leute, mit denen man nichts zu schaffen hat. Und dann – so ging es jedenfalls mir einmal – registriert man erschrocken: »Ich habe mich wohl zu rasch wieder ›normal‹ benommen.«

»Normal« und was dazu gehört: Lachen, sich unterhalten, musizieren, tanzen …

»Möchtest du tanzen?« fragte mich jemand; und meine Antwort fiel grob und knapp aus: »Nein.«

Nicht einmal »… tut mir leid« oder: »… dafür hast du doch sicher Verständnis.« Einfach: »Nein!«

Wie ein verzweifelter Aufschrei.

Sehne ich mich zurück nach den alten Bräuchen?

Ich weiß es nicht.

Wahrscheinlich möchte in dieser individualistisch geprägten Zeit jeder selber bestimmen, wie er trauert. Dennoch: Die alten Regeln und Vorschriften stellten eine Art Sicherheit dar – auch für einen selbst: Man glaubt, wieder zur Tagesordnung übergehen zu können – und dann stellt man plötzlich fest, daß man längst noch nicht soweit ist ...

Heleen

Liebe Taube –

die Art und Weise, wie der Mensch seine Trauer äußert, ist in erster Linie eine ganz persönliche Angelegenheit.

Die schwarze Kleidung von früher entsprach als Brauchtum der Förmlichkeit des damaligen Lebens. Ich erinnere mich, daß – als mein Großvater Anfang dieses Jahrhunderts starb, für uns Enkelinnen schwarze Filzhüte bestellt wurden. Das Hutgeschäft schickte sie in einer großen Hutschachtel aus Spanholz zur Auswahl, damit wir die passenden Größen aussuchen könnten.

Männer trugen keinen schwarzen Anzug, aber mein Vater hatte einen breiten Trauerflor auf dem Ärmel seines Überziehers.

Schwarz, das war für die Außenwelt das Zeichen, daß es einen Verlust gegeben hatte, daß Trauer in das Leben der betreffenden Menschen eingekehrt war.

Ich finde es richtig, daß es inzwischen abgeschafft worden ist. Das Leben ist zu voll, zu hektisch und zu gehetzt, als daß sich die Menschen um uns her für etwas engagieren möchten, das sie nichts angeht.

Jeder kann sich kleiden, wie es der eigenen Stimmung entspricht – das tut man doch an anderen Tagen auch.

Zufällig rief mich gestern ein guter Bekannter an und erzählte mir, daß seine Patentante, die bis zu ihrem neunundneunzigsten Lebensjahr allein gewohnt hatte, hingefallen sei und daß es schlimm um sie stehe. Sie war eine faszinierende Frau gewesen und hatte ihr Leben in vollen Zügen genossen. Als sie spürte, daß es ans Sterben ging, ließ sie den Friseur kommen und trug ihm auf, ihr Haupt mit einer wunderschönen Frisur herzurichten. Dann ließ sie sich ihr schönstes Kleid und ihren kostbarsten Schmuck anlegen, und weil gerade »Koninginnedag«* war, ließ sie vor ihrem Fenster die Nationalflagge hissen – mit der Maßgabe, sie im entscheidenden Moment auf Halbmast zu holen.

Ein solches Wesen kann man natürlich nur in seinem ureigensten Stil betrauern.

Echte Trauer – die Trauer um einen Menschen, der Teil meines Lebens war, nistet bei mir sehr tief: verborgen hinter allem, was der Tag von mir verlangt. Ich versuche weiterzuleben, wie ich glaube, daß es dem Wunsch des geliebten Verstorbenen entsprochen hätte – mit vollem Einsatz für diejenigen, die mich brauchen. Doch wenn ich mit mir allein bin und mir zufällig ein Ge-

---

* Nach alter Sitte wird »Koninginnedag« am 30. April gefeiert, dem Geburtstag der Königin Juliana, Königin Beatrix' Mutter.

genstand in die Hand gerät, der mich an ihn erinnert, darf ich mich meinem Kummer überlassen. Verzweifelt über meine Machtlosigkeit gegenüber der entstandenen Leere, lasse ich meinen Tränen freien Lauf und klammere mich tiefinnerlich an die Hoffnung auf ein Wiedersehen.

Es scheint mir, als sei unsere Gesellschaft offener und ehrlicher als damals, da wir jung waren; bestimmt aber gegenüber allem, was mit dem Tod zu tun hat.

Jetzt, wo ich auf die Neunzig zugehe und wenn es sich so ergibt, macht es mir gar nichts mehr aus, über mein baldiges Ende zu reden. Was einmal auch den vehementen Protest einer Gleichaltrigen herausforderte. »Was für ein Unsinn«, rief sie, »jeder kann in jedem Augenblick und in jedem Alter tot umfallen – mit all diesen Gefahren auf den Straßen und in der Luft ...«

Damit hat sie natürlich recht, aber insgeheim erkundige ich mich dennoch bei allen, die ich liebe, was sie später einmal gern von mir erben würden. Übrigens ist das auch für mich selber wichtig; es gibt mir das beruhigende Gefühl, daß Dinge, an denen ich sehr hänge, einmal in gute Hände gelangen und daß die neuen Besitzer/innen auch Freude daran haben werden.

Wenn man, wie ich, keine Kinder hat und

alleinlebt und demnach auch seinen Nachlaß selber regeln muß, möchte man den Nachlaß-Verwaltern so wenig Mühe machen wie eben möglich.

Aber wenn ich's bedenke ... du lieber Himmel! Was hab' ich viel zu vererben ...

Das erinnert mich an eine junge Frau aus Rotterdam, die mir viele Jahre nach dem Krieg erzählte, sie habe beim damaligen Bombardement auf einen Schlag alles verloren und sich plötzlich wunderbar befreit gefühlt.

Ich bilde mir ein, bescheiden zu leben, aber mein Häuschen beherbergt wirklich eine Menge Dinge: Gesammeltes, Geschenke, Liebhaberstükke – vieles noch aus dem elterlichen Haus und mit Liebe gepflegt.

Zuviel?

Nun, der Mensch braucht zum Funktionieren schon eine ganze Menge. Das Elend ist nur, daß ich nichts wegwerfen kann. Ich hebe alles auf, weil es zum Wegwerfen zu schade ist – weil es vielleicht eines Tages dringend benötigt werden könnte oder weil ich den Alptraum meiner leergeräumten Wohnung im letzten Kriegsjahr einfach nicht loswerde.

Was ich schon gar nicht wegwerfen kann, sind die phantasievollen Verpackungen, die es heutzutage gibt: die Plastiketuis, die Behälter und Trinkbecher sind für den Mülleimer viel zu schade –

andererseits aber total ungeeignet zum Stapeln; und beim Öffnen der Schranktür purzeln sie denn auch schockweise über mich her. Ich besitze Tüten voll leerer Streichholzdöschen, Flaschenverschlüssen, aufgerollter Kordelstücke, Schmuckband und Draht, alte Stecker, Reststücke von Rohrleitungen, ferner Stapel von Packpapier, Schaumgummistücke, leere Pappkartons, Seifendosen, Cremetöpfchen, Apothekernäpfchen, Marmeladengläser, Korken.

»Du bist übergeschnappt«, sagt jeder, der meine Vorräte zu sehen bekommt. Ich weiß, aber ich kann's einfach nicht lassen, und überdies ist mein privater Flohmarkt eine sehr geschätzte Fundgrube für jeden Hobby-Bastler.

So, und jetzt will ich dir noch deine Frage beantworten, ob ich das Morgengefühl über die Pleiten von gestern kenne. Und ob!

Heute morgen habe ich mich, als ich den gestrigen Tag hinter geschlossenen Augen Revue passieren ließ, abgrundtief geschämt. Ich hatte zwei alte Freundinnen zum Essen eingeladen; unsere Freundschaft reicht zurück bis in die Zeit, da wir sieben Jahre alt waren und die ersten Kinderbücher lasen. Wir tafeln jeweils am Geburtstag der einen oder der anderen gemeinsam, und diesmal war ich an der Reihe. Der Tisch war festlich gedeckt, der Auflauf fertig, und dann stellte ich fest, daß ich die leckeren kleinen Schmorkartöffelchen nicht aufgesetzt hatte; ich vergaß die Kerzen anzuzünden und empfing meine Gäste in Filzpantoffeln.

Alt? Ach was, das ist für einen einzelnen Kopf eben zuviel. Und damit tröste ich mich; basta!

Ann

Liebe Ann –

hin und wieder *muß* es ja geschehen, und natürlich kommt es jedes Mal im unpassendsten Moment.

Eigentlich hatte ich bereits verschiedentlich erstaunt registriert, daß der Herbst ohne plötzliches Auftreten des einen oder anderen Ungemachs: eines Unterschenkels, der den Dienst verweigert, oder eines Hautekzems, das die übliche Nutzung eines Kleides zur Qual macht und außerdem für Schlaflosigkeit sorgt, vorübergegangen war. Nun ja – Fortbewegung ist zur Zeit ohnehin auf dem Tiefstand – das scheint nur im sommerlichen Italien oder in einem anderen südlichen Land möglich zu sein.

Im vergangenen Jahr hatten mir meine Kinder einen zweiwöchigen Kuraufenthalt in Italien gestiftet. Ich trat die Reise mit Krückstock und steifen Beinen und entsprechend hilflos an.

Nach einer Woche rief plötzlich ein mitkurender Herr: »Um Himmels willen, was tun Sie?«

Ich eilte ohne jegliches Hilfsmittel über den Rasen. Kein Wunder, daß einen die Leute dann manchmal fragen: »Warum ziehst du nicht einfach in den Süden?«

Gute Frage, aber Tatsache ist, daß ich immer

noch am liebsten da bin, wo ich mich – wenigstens bis zu einem gewissen Grade – nützlich machen kann.

Im Augenblick aber bin ich auf meinen Krückstock angewiesen, und das ruft natürlich das Mitgefühl jener Leute auf den Plan, die immer alles bis aufs i-Tüpfelchen wissen wollen: »Brauchen Sie ihn immer?«, »Warum?«, »Was fehlt Ihnen denn wirklich?« Und natürlich verführt der Stock zur Hilfsbereitschaft, und dies wiederum kann Kurzschlüsse auslösen, weil ich solches nicht gewöhnt bin und nicht rasch genug kapiere, was sie eigentlich von mir wollen. So war ich zum Beispiel mit meinem Einkaufswägelchen unterwegs nach Hause und blieb dabei ein paarmal für einen Augenblick stehen; was zur Folge hatte, daß eine Dame, die ich normalerweise zu den älteren Jahrgängen zähle, von ihrem Fahrrad stieg und mir freundlich zurief: »Schaffen Sie's denn alleine?«

Wieso? Was gibt's da zu schaffen – oder *nicht* zu schaffen? Ach ja, liebe Dame – es stimmt: Ich bin heute ziemlich schlecht dran, und Sie können ja nicht wissen, daß ich mich keineswegs so fühle, wie andere Leute mich sehen. Ich verstehe Ihr spontanes Hilfsangebot! Und so füge ich meinem gleichgültigen »Ja – danke« rasch hinzu: »Wie nett von Ihnen!« und noch einmal: »Herzlichen Dank!«

Dann schlug das Schicksal endlich zu: Ein Knie, das nicht mehr mitmachen wollte.

Was? Du willst nicht? Und du meinst, das wäre ein Grund, zu Hause zu bleiben und andere Leute meine Einkäufe erledigen zu lassen? So siehst du aus! Und du wirst mich auch nicht von dem Kinobesuch in Amsterdam abhalten, den ich meinem Enkel versprochen habe!

Etwas verschwommen geht es mir durch den Sinn: »Wenn ich nur die hohen Stufen am Waggon schaffe ...« Unser Bahnsteig sackt immer mehr ab, und das macht den öffentlichen Nahverkehr nicht einfacher. Aber – verschwommen: genau das ist mein Kardinalfehler. Ich koordiniere meine Gedanken nicht richtig – der Wortlaut ist unklar. Ich verliere den Überblick über das, was möglich ist oder was keinesfalls geht.

Und dann sitzen wir auf einmal im Zug nach Amsterdam, und zum Zeitpunkt, da der Junge und ich aussteigen müßten, kommt zufällig eine Freundin herein. Sie hat kürzlich ihre Mutter verloren, und ich möchte ihr gern ein paar freundliche Worte sagen. Mein Enkel steht schon auf dem Bahnsteig, ich aber betätige laufend den Öffnungsschalter der Abteiltür, um unser Gespräch ein wenig zu verlängern. Bis dem Zugschaffner der Geduldsfaden reißt – was ihm nicht zu verübeln ist. Der Zug setzt sich in Bewegung –

ich sitze drin, und mein Enkel bleibt einigermaßen bestürzt auf dem Perron stehen.

Was tut ein Vierzehnjähriger in einer Stadt, wo
er weder Weg noch Steg kennt? Nun, er benutzt
seinen Verstand, bleibt stehen, wo er steht, und
wartet vertrauensvoll darauf, daß die Oma zum
Ausgangspunkt zurückkehren wird.

Aber du kennst mich, Ann: Meine Phantasie
überschlug sich, ich sah ihn im Geiste alle finste-
ren Gäßchen durchstreifen oder hinter der Tram
herrennen und falschen Spuren folgen …

Was kann einer besorgten Oma sonst noch
Schreckliches einfallen? Als ich endlich wieder
auf dem Leidseplein* ankam, war ich außer
Atem. Und natürlich konnte er es sich nicht ver-
kneifen, mich ein wenig zu necken: »Mich einfach hier stehenzulassen – in einer Stadt, wo ich
nicht Bescheid weiß …«

Als wir Stunden später nach Hause kamen und
ich für diese komische Geschichte gebührenden
Beifall erwartete, wurde ich von meiner besorgten
Familie herb enttäuscht: »Bist du noch bei Trost?
Warum mußt du unbedingt ins Kino, wenn du
nicht mal richtig ein Bein vors andere setzen
kannst …« Warum? Weil ich … Nun ja: weil ich
weitermache!

Ja, aber ausgerechnet das ist das Sonderbare:

* Der Amsterdamer Hauptbahnhof liegt am Leidseplein.

Kann ich wirklich nicht unterscheiden zwischen Notwendigem, das unbedingt getan werden muß, und Überflüssigem, das man gegebenenfalls auch verschieben kann? War es wirklich nötig, nach Amsterdam zu fahren und ins Kino zu gehen? Der Junge hätte es bestimmt verstanden, wenn ich ihm erklärt hätte, daß ich ... Natürlich hätte er das – aber ...

Während der Ferien mit meinen Enkelkindern ins Kino zu gehen ist in meinem Denkmuster eine Notwendigkeit; es ist – wie meine Schwiegertochter es ausdrückt – ein festes System. Ich gebe viel zuviel Geld dafür aus, aber es darf nicht daran gerüttelt werden. Wie soll ich das erklären?

Natürlich wird der Tag kommen, an dem ich sagen muß: »Schluß! Es geht nicht mehr.« Und vielleicht kann ich mich dann gemütlich zurücklehnen und sagen: »So, das war's; muß nicht mehr sein.«

Aber so ist das Leben der Alten nun einmal: Sie begeben sich an schwierige Dinge, auch wenn sie physisch eigentlich gar nicht mehr dazu in der Lage sind. Aber wenn man sich einmal geschlagen gibt, dann verebbt die letzte Lebenswelle, leise und kaum merklich. Und es *muß* doch noch eine Woge daherkommen, die uns trägt und mitreißt ... So wie jetzt: Ich nehme die Hindernisse auf schwankenden Beinen – mit einem Herzen, das ab und zu einen Schlag vergißt. Ich überlege: »Schaffe ich das?« Und manchmal rüge ich mich selbst: »Du bist verrückt!« Gleichzeitig aber weiß ich, daß es unweigerlich zum Leben gehört: etwas zu riskieren.

Heleen

Liebe Taube –

Risiken: Sind sie nicht Bestandteil des Lebens?

Sie sorgen doch für Spannung – und ohne Spannung wär's immer nur Ebbe um uns her; und das gilt auch fürs Alter. Allerdings sollte man erwägen, wie weit man sich vorwagen darf.

Und just das gelingt mir nicht immer. Mein kühnstes Experiment ist es, daß ich meine Einkäufe immer noch per Fahrrad erledige; *noch* – wie gesagt, aber bis wann?

»Nächstes Jahr höre ich damit auf ...«

Wie oft hab' ich mir das schon geschworen! Und steige trotzdem in jedem »nächsten« Jahr wieder aufs Rad.

Jetzt aber weiß ich, daß mir Einhalt geboten ist. Der Straßenverkehr wird immer aggressiver; Machos rasen in irrem Tempo an einem vorbei, und die zahllosen Brummis jagen mir panische Angst ein; sie sitzen mir im Nacken wie eine wutschnaubende Büffelherde – stets bereit, das alte Weiblein samt Fiets* auf die Hörner zu nehmen und zu zerschmettern.

Die Zeit ist gekommen, da ich mich meinem kleinen Marktroller nicht mehr entziehen kann. Es ist noch nicht lange her, daß ich ihn als preis-

* der Niederländer geliebtes Fahrrad (sprich: Fitz)

138

reduziertes Sonderangebot erworben habe, eine Art Tasche auf Rollen: ein Unding!

Und bis heute ist er auch erst ein einziges Mal in Aktion getreten: Ich habe einen (unheimlichen!) Haufen leerer Flaschen damit zum Glascontainer transportiert. Das Ding machte aber (wahrscheinlich, weil die Röllchen aus Holz sind) einen derart höllischen Lärm – es ratterte, scheperte und klirrte so verrückt, daß ich vor Scham im Erdboden hätte versinken mögen.

Ein schlechter Kauf!

Nun ja – jeder macht mal eine Dummheit.

Wenn ich übrigens nicht mit meinem Enkel ins Kino gehe, dann nur deshalb, weil ich keine Enkelkinder habe. Es kommt aber vor, daß anderer Leute Enkel oder Söhne mich zu einer kleinen Exkursion einladen, und natürlich sage ich dann spontan zu. Wenn's aber zur Sache geht, dann weiß ich auf einmal, daß ich mich damit überfordern würde; daß ich gar nicht erst starten darf.

Es liegen ja immer Tage völliger Abgeschlagenheit auf der Lauer – man weiß es aus Erfahrung, nur: *wann* sie eintreten, weiß man leider nicht. Spüren tut man es erst im gegebenen Moment; man wird sich seiner Hinfälligkeit bewußt und erkennt, daß man diese Grenze nicht überschreiten darf.

Und dann kommt der Augenblick, wo man absagen muß. Zögernd drehe oder tippe ich die Telefonnummer und verkünde mit belegter Stimme: »... ich finde es schrecklich nett von euch, aber ich kann wirklich nicht – ich bin einfach zu müde ...«

Das verstehen sie natürlich – »... dann verschieben wir es eben«. Sie verstehen es eben *nicht*.

»... du bist doch so aktiv, so fit – du schaffst doch noch so unheimlich viel ...«

Ach ja, ihr Lieben – so seht ihr das. Aber ihr seid nicht dabei, wenn ich – todmüde – vom Einkaufen nach Hause komme: Kaffee, Brot, Limo, Bananen, Bücher – wie ich auf die nächste Couch plumpse, meinen Mantel von den Schultern zerre, meine Schuhe von den Füßen schleudere und mich in die Horizontale sinken lasse.

Ausruhen und sonst gar nichts.

Könnte ich doch wie der Zauberer Merlin* eine duftende Tasse Kaffee zu mir herschweben lassen. Liegen ist ein Allheilmittel. In meinem Wohnzimmer stehen zwei herrliche Sofas – eins für den Sommer und das andere, ganz nah beim Ofen, für den Winter.

Ich finde es wunderbar, wenn ab und zu eine mitleidige Seele für mich einkaufen geht. Aber so dankbar ich dafür auch bin (als Reserve für schwierige Zeiten!), jetzt möchte ich es – eigen-

---

* mystische Gestalt aus dem altbritischen Sagenkreis

sinnig, wie ich einmal bin – doch lieber selbst erledigen; sozusagen als Beispiel dafür, was ich
noch alles kann.

Ziemlich albern – ich weiß. Es gibt hier einen
Einkaufsdienst der Stiftung »Hilfsdienst für alte
Mitbürger«, und an bestimmten Tagen der Woche
kommt ein Verkaufswagen mit Lebensmitteln
vorbei; alles natürlich ein bißchen teurer als im
Laden. Doch wie auch immer: Es ist und bleibt
eine Plage. Es gilt eine Liste der notwendigen
Dinge aufzustellen, die, wenn sie zu lange her-
umliegt, plötzlich verschwunden ist ober bei
Bedarf unweigerlich mitzunehmen vergessen
wird.

Jedenfalls aber sollte man zum Einkauf den
Morgen benutzen – je früher, desto besser. Dann
ist es noch nicht so voll, und auch die Straßen
sind leerer. Ich kaufe lieber in den kleinen Läden
unserer Nachbarschaft als im Supermarkt – und
das höre ich auch oft von Altersgenossen, die
nicht nur das Gehampel mit den schweren Karren
scheuen, sondern auch die vielen drängelnden
Leute und die »Überfülle-von-allem«. Außerdem
machen die »Mega-Schuppen« die kleinen Läden
kaputt.

Morgens begegnen einem – so bis elf oder
zwölf Uhr herum – viele Grauköpfe mit Einkaufswägelchen; zumeist Frauen mit bequemem
Schuhwerk an den Füßen. Eine von ihnen geht

mir nicht aus dem Sinn – sie fällt auf durch ihr besonders unangenehmes Wesen. Sie scheint auf alles und jedes wütend zu sein – auf ihr Wägelchen, auf die Leute, die ihr entgegenkommen, auf die Straße, auf die sie ihre Füße setzen muß, vor allem aber auf sich selbst und ihr fortgeschrittenes Alter. Sie weiß nicht, *wie* wütend sie ihre Lippen aufeinanderkneifen soll.

Sie tut mir leid; sie kann nichts an ihrem Wesen ändern – sie wird nur immer älter.

Ist sie zu bedauern – oder ist sie einfach bösartig? Mir tun übrigens auch die weißhaarigen oder kahlköpfigen Herren leid, die trübselig ihr Wägelchen hinter sich herziehen.

Du Ärmster, geht es mir durch den Sinn – bist du Witwer? Bist du in Kammer und Küche allein und mußt dir deinen Kaffee selber zubereiten?

Witwer, die sich selbst versorgen müssen, sind beklagenswerter als Witwen. Frauen können sich immer noch ein Heim schaffen; den Männern, die ihre Frau verloren haben, ist solches nicht gegeben. Andererseits brauchen Männer heutzutage nicht so lange weiterzuleben wie wir Frauen.

Im nächsten Brief werde ich dir berichten, was ich soeben darüber erfahre. Es ist im Buch der zweiundsiebzigjährigen amerikanischen Soziologin Betty Friedan zu lesen und trägt den Titel:

›The Fountain of Age‹*. Aufgrund langjähriger Forschungsarbeit glaubt sie jetzt zu wissen, woran es liegt.

Nun, wie auch immer: Es ist einfach so!

Ann

Liebe Ann –

wieder einmal ist Kerzenzeit. Wenn es so früh dunkel wird und wir sonntags nach alter Tradition zur Abendmahlzeit um den Tisch herum sitzen, sind die Vorhänge zugezogen und die Kerzen angezündet. Heleen kommt mir immer helfen, und beim Tischdecken werden die silbernen Kandelaber schon dazugestellt.

Wenn du jetzt allerdings meinst, dies sei der Anfang einer rührend-friedvollen Geschichte, dann muß ich dich enttäuschen. Solche Geschichten haben in meiner sechsköpfigen Familie leider keine Chance; sie scheitern regelmäßig an ... ja, an was eigentlich?

Rückblickend neige ich zu der Annahme, daß mir zum friedvoll-heiteren Zusammensein einfach das Talent fehlt.

Ich erinnere mich (nicht ohne Scham!) der Zeit, als die Kinder noch klein waren und ich ihnen Weihnachtslieder sang; mit Klavierbegleitung.

Kannst du es dir vorstellen – drei kleine Buben, vielleicht sogar noch im Schlafanzug (wir waren Frühaufsteher) ...

Ich selber hätte vielleicht noch ganz gern ein wenig länger geschlafen, aber das kam im Zeitplan der Kinder nicht vor. Ich war keine große

Pianistin. Ich mußte immer sehr aufpassen, und es war meinem Spiel auch nicht gerade förderlich, daß links in den Baßtasten und rechts in den allerhöchsten Tönen unermüdliche kleine Finger mitklimperten.

Es war immer schon eines ihrer höchsten Ziele, durchdringende Geräusche zu fabrizieren. ›Stille Nacht …‹, ›Zu Bethlehem geboren ist uns ein Kindelein …‹ Und auf einmal rutschte meine Hand aus, und eins der Händchen bekam einen kleinen Klaps.

Ich selbst habe die Augenblicke am Klavier als Höhepunkte unseres Familienlebens in Erinnerung, auch wenn sich das Oberhaupt der Familie zumeist nur durch niederträchtiges Kichern im Hintergrund daran beteiligte.

Mit den Kerzen erging es mir nicht besser. Ich entstamme einer Familie mit zwei hübschen, wohlerzogenen Mädchen. Ich hatte nie das Gefühl, wir würden laufend dressiert und kontrolliert, aber es gab Tabus, an denen nicht gerüttelt werden durfte. So hätten wir es nie gewagt, die kunstvoll drapierten Stores am Wohnzimmerfenster anzurühren oder in unmittelbare Nähe brennender Kerzen zu kommen. Wir waren zutiefst davon überzeugt, daß Feuer gefährlich sei, und Gefahr – das war etwas, wovon man sich so weit entfernt hielt wie nur eben möglich.

Gefährlich waren allerdings auch die Swildens-

Kinder. Wir kannten uns zwar von frühester Jugend her, aber mit ihnen spielen durfte ich nicht; jedenfalls nicht außerhalb des Gesichtsfeldes meiner Mutter oder einer Aufsichtsperson. Swildens hatten die Angewohnheit, immer von irgendwas herunterzufallen, den Weihnachtsbaum in Brand zu stecken, zu absolut ungelegener Zeit Feuerwerk abzubrennen (stell dir vor: Feuerwerksraketen!), ja, sie brachten es sogar fertig, mit ihrem absolut stabilen Heuwagen umzustürzen.

Und auf einmal hatte ich – nun ja, natürlich nicht *ganz* auf einmal, aber dennoch ziemlich unvorbereitet – selber so unternehmungslustige Kinder.

Und damit fängt meine Kerzengeschichte an.

Ich kannte Kerzen nur als Beleuchtung, während meine Kinder sie als willkommenes Spielzeug betrachteten. Sie wurden endlos geknetet, die Dochte wurden umgeknickt, bis sie abbrachen, so daß umständlich im Kerzenfett gestochert werden mußte, um ein neues Stückchen Docht herauszubekommen. Und dann mußte die Kerze natürlich wieder angesteckt werden. Streichhölzer her!

»Halt! Finger weg – das macht Mama selber …«

Ja, von wegen! Brennen schon wieder.

»Ich hab' dir doch gesagt … Vorsicht – dein Ärmel! Du steckst dich noch in Brand …

Ist der kleine Eimer mit Wasser gefüllt? (Das Wassereimerchen, die Garantie für Sicherheit.)

Nein: Erst wird das Eimerchen voll gemacht! Wackel nicht so am Christbaum! ...«

Kerzenzeit? Für uns war das eine Zeit voller Unruhe, ja voller Gefahren; eine Zeit erhöhter Alarmbereitschaft. Mein Leben scheint schicksalhaft damit verwoben zu sein, und immer wieder einmal werde ich grob darauf hingewiesen. Zwar sind die Kinder inzwischen zu groß, und die Enkelkinder liegen noch in der Wiege, aber auf einmal ist es wieder soweit.

Einer der Vornamen, die innerhalb unserer Familie gleichsam als Symbol für ausgeprägte Schlamperei und Unruhestiftung stehen, ist Bob. Also:

»Bob! Wenn du noch *einmal* die Kerze anfaßt ...«

»Also – schau sich einer *das* an!«

»Du hast mich hoffentlich verstanden!«

»Jetzt muß ich doch wahrhaftig ...«

Etwas hat sich inzwischen aber geändert. Stand ich früher notgedrungen auf seiten der Ordnungshüter – so verstehe ich jetzt nur allzu gut die übermächtige Versuchung tanzender Kerzenflämmchen und sanft gleitender und sich verdickender Wachstropfen ...

Kneten, formen, pusten und Streichhölzer entzünden: welche Wonne! Die Swildens sind nun einmal Abkömmlinge eines Stammes, der durch seiner Hände Arbeit lebendig bleibt; sie müssen kneten, modellieren, zuschneiden ...

Als Mutter war ich die Erzieherin, die Zurechtweisende; jetzt – als Oma – darf ich Verständnis zeigen. Doch gerade weil ich die erzieherische Verantwortung nicht mehr trage, gebe ich mir Mühe, mich nicht ungebührlich einzumischen. Ich beschränke mich auf ein gelegentlich gemurmeltes: »Er ist eben erblich belastet ... So ist diese Familie nun einmal ... Sie können's nicht lassen ...«

Quatsch; das sind natürlich keine Argumente: Muß es erst brennen?

Nein.

Aber Kerzenzeit – das ist bei uns von jeher alles andere als Geruhsamkeit; es ist Unruhzeit.

Wie gehabt.

Heleen

Liebe Taube –

als ich deinen Brief las, erkannte ich schlagartig, wie sehr sich dein Leben immer von meinem unterschieden hat.

Ich war allein, ungebunden – du hattest Kinder und später Enkelkinder. Du hattest drei tatendurstige Söhne – unternehmerisch und abenteuerlustig: Erfindernaturen; was sie meiner Ansicht nach auch heute, als erwachsene Männer, noch sind.

Ich werde nie vergessen, daß dein Ältester es bereits als Baby fertigbrachte, eine Sicherheitsnadel zu verschlucken.

Du standest – wie du schreibst – immer auf Seiten der Ordnungshüter; jetzt, da deine Kinder selber Eltern sind und du die Oma von Enkelkindern bist, ist das Hüten nicht mehr deine Angelegenheit. Du schaust zu, verstehst und – schweigst.

Ich wiederhole: Du verstehst und schweigst.

In deinem Fall war es das Zusammenleben dreier Generationen mit dem Rückhalt besonderer Bande: der des Blutes.

Für meinen Fall habe ich erkannt, daß ich jetzt, als alte Frau, im Umgang mit anderen genau so handle wie du: Ich verstehe – und sage nichts dazu.

Ich habe in meinem Leben so viel mit ange-
hört, so viel überlegt und mir durch den Kopf
gehen lassen, daß ich mir jetzt bei Diskussionen
zwar jedermanns Meinung anhöre, aber wohl-
weislich darauf verzichte, meinen Senf dazuzu-
geben; ich halte – nach dem Motto: »Reden
ist Silber, Schweigen ist Gold« – einfach den
Mund.

Enkelkinder zu haben, stelle ich mir wunderbar vor. Nach und nach zu entdecken, was alles
in ihnen schlummert – ihre Interessen zu teilen
und selber auch wieder ein wenig Kind zu sein
(was der Mensch ja nie gänzlich ablegt).

Meine beiden Enkelkinder – du kennst sie ja
vom Erzählen her – sind inzwischen erwachsene
Männer in den Zwanzigern, und leider sind sie
sowieso nur geborgt.

Als sie klein waren, gingen sie bei mir ein und
aus; mein zauberhaftes Häuschen mitten im Grü-
nen, versteckt zwischen Bäumen und Sträuchern,
war für sie ein Märchen.

Natürlich war ich den beiden gegenüber immer
viel zu nachgiebig – wir unternahmen gemeinsam
alles, was erlaubt oder auch nicht erlaubt war:
Feuerchen machen und Katapulte schnitzen,
Apfeltorte backen und endlos vorlesen; letzteres
inklusive eines ordentlichen Knuffs, wenn ich in
Beatrix Potters Erzählung die Kaninchen nicht
richtig zählte oder eines überschlug. Als Zuhörer

waren meine Leih-Enkel nämlich sehr aufmerksam, und notwendige Korrekturen erfolgten mit Nachdruck.

Kinder wachsen viel zu schnell. Später schleppten sie mich in James-Bond-Filme mit, deren Ablauf ich zumeist nicht begriff, so daß er mir hastig zugeflüstert werden mußte.

Ich habe auch viel von ihnen gelernt: wie man eine junge Dohle zähmt, zum Beispiel, oder wie man eine Meise fängt, die irrtümlich durchs Stubenfenster geflogen kommt und in Todesangst auf der Fensterbank herumflattert und -hüpft ...

In tagelanger Arbeit haben wir eine Computerstation für zwei winzige Plüschbärchen gebastelt: vier Bürowände aus leeren Zündholzschächtelchen, ausstaffiert mit Mini-Schreibtisch, Mini-Schrank, Mini-Couch, Mini-TV, Mini-Telefon und Mini-Naßzelle. Ach, diese Erfindungskraft und Kreativität in zwei ungewaschenen, kleinen Bubenfäusten ...

Über einen Mangel auf diesem Gebiet der Lebensfreude habe ich mich also *nicht* zu beklagen – auch wenn ich nur Leih-Oma war.

Von Kindesbeinen an habe ich mir gewünscht, Großmutter zu werden; vielleicht, weil ich selber keine hatte. Ich besaß nur zwei Großväter.

Eigentlich komisch; jedenfalls für heutige Zeiten, wo es viel mehr Großmütter gibt als Großväter. Die unterschiedliche Lebenserwartung beträgt etwa sechs Jahre: Männer werden im Durchschnitt 74,3 – Frauen 80,3 Jahre alt; soviel ich weiß, sind dies die neuesten Forschungsergebnisse. Vorige Woche las ich außerdem, daß in Frankreich und Island die Frauen am ältesten werden.

Über die Tatsache, daß es bei Männern in puncto Älterwerden einen gewissen Rückstand gibt, hört man eigentlich wenig (wobei man anstatt »Rückstand bei Männern« genausogut »Vorsprung bei Frauen« sagen könnte).

Vielleicht kommt es daher, daß die Medien immer noch von Männern beherrscht werden und es ihnen offenbar peinlich ist, daß Frauen stärker sind als sie. Das war aber zu Beginn dieses Jahrhunderts bereits so, wenn auch mit dem Unterschied von nur einem Jahr: Männer wurden 45 – Frauen 46. Durch die zunehmende Sicherheit der Geburten hat sich die Lücke auf inzwischen sechs Jahre vergrößert. Der Grund?

Ein deutscher Gerontologe legt den Männern zur Last, daß sie sich – wenn sie älter werden – als »abgetakelt« betrachten und gefühlsmäßig verarmen. Sie sollten sich – so schreibt er – energischer gegen den körperlichen Verfall zur Wehr setzen.

Alternde Frauen haben offensichtlich mehr Widerstandskraft als alternde Männer. Hast du gewußt, daß auch bei den Vögeln die Weibchen älter werden als die Männchen? Ich habe es in meiner norwegischen Zeitschrift gelesen.

Betty Friedan, die amerikanische Soziologin – mit ihren zweiundsiebzig Jahren immer noch unverwüstlich –, glaubt es genau erklären zu können.

Du erinnerst dich sicher noch daran, daß wir vor zwanzig Jahren einmal unsere Kolumne in der Tageszeitung ihrem Buch ›The Feminine Mystique‹ gewidmet haben. Das Buch knallte in die Gemeinschaft emanzipierter Frauen wie ein Stein in einen Hühnerhof.

Im vergangenen Jahr nun publizierte sie den Bestseller ›The Fountain of Age‹; es geht darin um die Vorteile hinsichtlich des Zusammenlebens im Alter. Etwas, an das du – im Hinblick auf den Vor- oder Nachteil der Tatsache, daß es so viele Senioren gibt – nicht so recht glauben magst.

Ich fühle mich von Friedans Argumenten angesprochen. Es gibt inzwischen viele Seniorinnen, die sich tatkräftig für etwas engagieren – die sich in Literaturgruppen treffen oder sogar studieren, während alte Männer sich zumeist mit ihrer Zigarre und der Zeitung zufriedengeben …

Betty Friedan weist – ähnlich wie der deutsche Gerontologe – auf die größere Geisteskraft der Frauen hin, die sich daraus ergibt, daß sie sich im Leben flexibler erweisen müssen: als Mutter ihrer kleinen Kinder, dann der Halbwüchsigen. Vielleicht haben sie nebenher noch einen »Job«, und das »leere Nest« muß schließlich auch verarbeitet werden.

Wenn es einen Menschen gibt, der weiß, wieviel Tatkraft eine solche Anpassung jeweils erfordert – dann bist *du* das.

Wir Frauen müssen uns fraglos jeder Situation, jeder Anforderung gewachsen zeigen, egal, zu welcher Zeit oder Unzeit.

Genau *das* ist es aber auch, was unsere Energie lebendig erhält.

Wenn du die Kluft zwischen den Lebensaltern anders siehst – dann erklär mir, inwiefern. Ich bin gespannt.

Ann

Liebe Ann –

»Der Mann muß hinaus ins feindliche Leben ...« [*]

Als wir dieses Gedicht in der Schule lernen mußten, tat ich es zwar nicht mit »wutgekrümmten Zehen« (damals war dieser Ausdruck noch nicht in Mode), aber unter lautem Protest. Denn was tat derweil das Weib?

Es blieb daheim und webte – ich glaube, sogar *»himmlische Rosen«*. Und ich – nun, ich hatte nicht vor, himmlische Rosen zu weben; ich wollte selber hinaus ins feindliche Leben: das und nichts anderes! Und was ist daraus geworden?

Wenn ich zurückblicke, dann muß ich zugeben, daß es im Fall der Familie Swildens doch der Mann war, der die besseren Voraussetzungen zur Bezwingung des feindlichen Lebens besaß.

Als meine Kinder geboren wurden, entwickelte ich jeweils ein großes Bedürfnis nach Sicherheit. Natürlich war von jener Art Sicherheit, wie ich sie trotz aller Proteste in meiner Jugend genossen hatte, nicht viel übriggeblieben; Krisenzeiten, permanenter Geldmangel und Krieg hatten sie zunichte gemacht.

Dennoch meine ich, daß Frauen oft mehr

[*] Friedrich Schiller: ›Die Glocke‹

Chancen als die Männer haben, sich vor den Feindseligkeiten des Lebens zu schützen; jedenfalls bei den derzeitigen niederländischen Gegebenheiten.

Unter der Herrschaft des Feminismus dürfte man es den Männern eigentlich gar nicht mehr zugestehen, daß sie es gelegentlich auch mal schwerhaben könnten; der Satz vom *»feindlichen Leben«* hätte also längst abgeschafft werden müssen.

Nichtsdestoweniger bin ich aber immer noch der Meinung, daß das Leben der Männer – zwangsweise ausgerichtet auf *»Weltgetümmel«* und mit all den ihnen zufallenden Verantwortlichkeiten – beileibe nicht einfach ist.

Ich weiß, daß du mit dem Feminismus nichts am Hut hast, aber du erklärst kategorisch, Frauen seien stärker, tapferer, zäher – sogar kreativer als Männer und allein schon deshalb besser zum Überleben geeignet.

Ich will zugeben, daß uns Frauen die besseren Überlebenschancen zufallen; wogegen sich der Durchschnittsmann viel mehr »außer Haus« präsentieren muß; im feindlichen Leben, wo die Gefahr regiert. Und das wird bei allen Untersuchungs- und Forschungsergebnissen viel zu wenig berücksichtigt.

Gewiß, wir leben in einem Zeitalter großer Veränderungen; es gibt aber noch viele Familien, die davon existieren, daß der Mann im Außendienst tätig ist und große Verantwortung trägt. Es ist nicht ausgeschlossen, daß hierin auch der Grund für nachhaltige Spannungen liegt, die der Mann mit seiner Gesundheit bezahlen muß. Ich habe es im Verlauf meines Lebens selber so erfahren.

Inzwischen bist du also endlich bei Betty Friedan und ihrer positiven Sicht im Hinblick auf das Zusammenleben in fortschreitendem Alter angelangt. Weißt du, Ann, das paßt so richtig zu dir. Du siehst die Welt so gern in fester Hand und wirst daher kaum verstehen, warum ich die Akzente anders setzen möchte.

Für dich hat der Umstand, daß wir so alt werden, einen tieferen Sinn, während ich meine, daß es nicht so sehr am Eingreifen einer höheren Macht liegt, sondern an der guten Ernährung, an der Sozialfürsorge und am allgemeinen Wohlstand.

Allerdings haben wir inzwischen auch einsehen müssen, daß Fürsorge nicht nur positive Aspekte hat (wobei ich besonders an die Länder der »Dritten Welt« denke). Wir halten Menschen am Leben, die wir dennoch nicht mit genügend Nahrung versorgen können. Wir selber werden immer älter, aber es gibt nicht genügend Personal, das sich um pflegebedürftige alte Menschen kümmern könnte. Nicht zu vergessen, daß wir auch

Menschen am Leben erhalten, die unverhältnis-
mäßig viel Fürsorge benötigen.

Als ich vor ein paar Jahren sechs Wochen lang
in einem richtigen Pflegeheim leben mußte, sah
ich dort täglich einen etwa sechzigjährigen Mann,
der an spastischer Lähmung litt. Sein Zustand war
so schlimm, daß er buchstäblich nichts anderes
konnte, als mit seinem elektrischen Rollstuhl in
rasendem Tempo durch die Hausflure zu jagen.
Es war grauenhaft; im Geiste sah ich ihn jedes
Mal die Treppen hinunterstürzen, aber wie durch
ein Wunder passierte ihm nichts – und das schon
seit zwanzig Jahren: So lange lebte er bereits in
seiner offenbar von höheren Mächten beschütz-
ten Oase, und er hatte gute Aussichten, noch jahrelang dort weiterzuleben. Ich frage mich, ob das
wohl die richtige Art und Weise ist, die in jenem
Haus zweifellos vorhandene Pflegekapazität zu
vergeuden?

Versteh mich nicht falsch, Ann. Ich wünsche
ihm alles erdenklich Gute. Wäre ihm bei seinen
lebensgefährlichen Manövern entlang der Trep-
penabsätze etwas zugestoßen, so wär' ich bestimmt die erste gewesen, die laut zu jammern be-
gonnen hätte. Dennoch: Es ist mir unbegreiflich,
daß wir in diesem »feindlichen Leben« solche
Treibhäuser für hilflose Menschen unterhalten,
während wir gesunde Kinder und Erwachsene oft
ohne jegliche Hilfe ihrem Schicksal überlassen.

Vielleicht nimmst du es mir übel, daß ich mich schon wieder mit hilfsbedürftigen Alten befasse, während du so gern zeigen möchtest, wie viele Menschen es doch gibt, die ihr Leben mutig, aus eigener Kraft, nutzvoll und mit Begeisterung angehen.

Natürlich gibt es auch solche; aber bist du tatsächlich der Überzeugung, daß wir schon zu jener Generation von Alten gehören, die sich – ungeachtet ihres Alters, ihrer Rente oder Pension – als vollverantwortlich für diese Welt versteht?

Ältere Leute betrachten sich nur allzu oft als jeder Verpflichtung enthoben – als Begünstigte, die das Recht haben, ab sofort ihr Leben in vollen Zügen zu genießen.

Es gibt zu wenig Solidarität mit jenen, die es schwer haben. Renten sind in erster Linie geschaffen worden, um Älteren das Weiterleben zu ermöglichen, aber wir möchten am liebsten ein Anrecht auf immerwährenden Urlaub daraus machen. Und das ist es, worüber ich mich immer wieder wundere.

Die Welt verändert sich nicht, wenn wir »in Rente« gehen. Alle Nöte bleiben dieselben, und das Geschwätz von wegen »*ich* hab jetzt genug getan« macht überhaupt keinen Sinn.

Heleen

Liebe Taube –

selbstverständlich ist »Altwerden« – schon gar
das verlängerte Altwerden, wie wir es zur Zeit
erleben – nicht für jedermann ein Grund, dankbar zu sein; vor allem auch dann nicht, wenn
einem bewußt wird, daß die persönlichen Möglichkeiten mit jedem Tag weniger werden und die
Welt entsprechend schrumpft. Daß jemand unter
sehr schmerzlichen Umständen weiterleben muß,
haben wir, du und ich, in den letzten Jahren aus
nächster Nähe erlebt. Meine Anteilnahme gilt
aber auch den lebensbejahenden alten Menschen.
Ich bin mit dir der Meinung, daß einem das
Altsein nicht ohne weiteres das Recht gibt, die
noch verbleibende Zeit – mit Rücksicht auf die
geleistete harte Lebensarbeit – als ausgewiesenes
Areal für Privatvergnügen zu betrachten.

Wir leben, aber das darf nicht nur auf Kosten
der jungen Generation geschehen. Notfalls müssen wir unsere eigenen Mittel einsetzen – jeder
nach seiner Art und körperlichen Verfassung; und
das ist absolut individuell und entzieht sich allen
»allgemeinen Richtlinien«.

Daß Senioren sehr wohl wichtige Funktionen
in unserer Gesellschaft bekleiden können und
dies nach außen hin auch sichtbar machen sollten,
das ist doch auch für dich keine Frage.

Was dir offenbar nicht gefällt, ist meine Meinung darüber, warum alte Männer weniger Widerstandskraft besitzen als alte Frauen. Deiner Meinung nach zeigen sich »Abnutzungserscheinungen« bei Männern deshalb schon vorzeitig, weil sie im »feindlichen Leben« stehen.

Nun: Darüber müßte es zunächst einmal eine Untersuchung geben. Sind denn die sogenannten Karrierefrauen solchen Abnutzungserscheinungen auch eher unterworfen als ihre Geschlechtsgenossinnen, die ihre Pflicht am »heimischen Herde« tun?

> »Ehret die Frauen –
> sie flechten und weben
> himmlische Rosen
> ins irdische Leben ...«

Weißt du – ich war als Schulkind von Schillers Gedichten richtig begeistert.

Um aber beim Nächstliegenden zu bleiben: Ich habe zweiunddreißig Jahre lang im »feindlichen Leben« geschuftet; morgens nach einer hastigen Tasse Tee mit dem Fahrrad zum Zug nach Amsterdam, wo ich meine ziemlich enervierende Arbeit bei der Zeitung zu leisten hatte. Wahrhaftig: Es gab Tage, da hätte ich nichts lieber getan, als zu Hause zu bleiben und Rosen zu flechten.

Oft genug habe ich bis an den Rand der Erschöpfung gearbeitet und mußte obendrein noch meinen Haushalt versorgen und meine zahlreichen Verwandten und Freunde gastlich bewirten. Aber natürlich bin ich nur *ein* Fall von unzähligen anderen und daher nicht maßgebend. Eine Untersuchung könnte selbstverständlich mehr Erkenntnisse über dieses Thema zutage fördern.

Daß Frauen »im Silberhaar« die silbernen Männer überleben, ist eine Tatsache, und es muß eine Erklärung dafür geben. Es scheint dich zu irritieren, daß ich die Meinung der vielzitierten Betty Friedan vertrete, aber darin sind wir beide eben gefühlsmäßig unterschiedlicher Ansicht.

Erinnerst du dich der deutschen Rundfunkmoderatorin, die uns in Anwesenheit unserer Übersetzerin Hanne Schleich interviewte?

»Sie streiten sich wohl öfter«, sagte sie und traf damit den Nagel auf den Kopf. Es war übrigens in Arnhem. Aber ich finde das in Ordnung. Gegenmeinungen fordern tieferes Nachdenken heraus.

Weißt du, was mir auf einmal einfällt? Daß ich mich am meisten über die Dummheiten ärgere, die ich selbst fabriziere. Vor allem das Verlieren oder Verlegen ganz normaler Dinge innerhalb meiner eigenen vier Wände. Diese endlose Sucherei, von der es einem ganz schwindlig wird …

Wo ist meine Tasche? Ich hatte sie doch auf den Sessel da gelegt …

Wo ist mein Portemonnaie? Ich habe den Bäkker an der Tür bezahlt*, und zwischendurch klingelte das Telefon – was, um Himmels willen, hab' ich mit dem Geld gemacht?

Wo ist der Brief, den ich unbedingt beantworten muß? Die ganze Zeit über lag er hier auf dem Tisch ...

Zum Verrücktwerden.

Ich habe mal ausgerechnet, daß – wenn man täglich eine Dreiviertelstunde mit Suchen verplempert – vierundzwanzig Stunden pro Monat verlorengehen; aufs Jahr gerechnet ergibt das einen Verlust von zwölf Tagen.

Und jetzt erzähle ich dir eine wahre Geschichte:

Ich kaufte mir im Reformhaus eine Flasche Möhrensaft. (Kann ich dir als ausgezeichnetes Mittel gegen Frühjahrsmüdigkeit übrigens sehr empfehlen!)

Die Flasche in der Hand, betätigte ich den Knauf der Ladentür so ungeschickt, daß mir ein Jackenknopf absprang; er rollte mir vor die Füße, und ich hob ihn sofort auf: ein Spezialknopf von einer guten Jacke – also hinein in meine Geldbörse.

Daheim angekommen, galt meine erste Sorge ihm. Ich legte ihn oben auf eine Vitrine und nahm

* In den Niederlanden werden viele Lebensmittel angeliefert.

mir vor, ihn nach einer kleinen Verschnaufpause
anzunähen.

Ob du's nun glaubst oder nicht: Als ich nach
ihm greifen wollte, war er verschwunden.

»Wieso denn?« rief ich. »Das gibt's nicht! Ich
habe ihn hier hingelegt, und ein Knopf hat doch
keine Beine ...«

Nackte Verzweiflung überkam mich. Ich taste-
te auf der Vitrine herum, fuhrwerkte mit dem Be-
sen durch meine Stube und geriet in Raserei vor
Wut über mich selber.

War ich denn noch klar bei Verstand? Zweifel
begannen mich zu plagen. Und dann entdeckte
ich zu meiner maßlosen Überraschung in meiner
Knopfdose das Reserve-Exemplar, von dessen
Existenz ich bis dahin überhaupt nichts gewußt
hatte. Meine Aufregung legte sich; ich nähte den
Reservist an meine gute Jacke und sah dem Rest
der Suche mit Gelassenheit entgegen. Und was
soll ich dir sagen:

Am Abend bekam ich Besuch von unserer
Nachbarkatze. Sie hat offenbar das Bedürfnis,
sich ein gastfreies Haus in der Nachbarschaft zu
sichern, wo sie sich eine Extraportion Streichel-
einheiten holen und ein Häppchen essen kann
und obendrein ein festes Plätzchen zum Schnur-
ren oder Schlafen besitzt.

So auch meine Gastkatze; sie hat die Angewohnheit, mit der Pfote an mein Fenster zu tup-

fen, woraufhin sie von mir hereingelassen wird. Ich hole also ihre geliebte Spielmaus ... Und was liegt da genau vor meinen Füßen? Richtig: der verschwundene Knopf.

Spukt es in meinem Haus? Ich vermute es schon seit längerem!

»Ach was«, tröstet mich ein kluger Mensch, »du tust immer zuviel auf einmal. Alles, was dir einfällt, willst du sofort erledigen – selbst wenn du mit irgend etwas anderem beschäftigt bist; du hast immer Angst, etwas zu vergessen.

Es ist die ganz normale Angst alter Menschen.

Du mußt die Dinge *einzeln* erledigen – eins nach dem anderen, Schritt für Schritt ... Sonst verlierst du dich noch selber ...«

Deine suchende Ann

Liebe Ann –

wenn die Menschen früher getröstet werden wollten, dann gingen sie in die Kirche und lauschten der Predigt ihres Pfarrers. Heutzutage ist es das TV, das den Leuten Seelentrost spendet. Es ist jetzt eine Zeitlang her, da berichtete uns der vortreffliche Adriaan van Dis (um viele Jahre jünger als wir!) innerhalb eines TV-Interviews, er verlöre praktisch jeden Tag irgend etwas und sei stundenlang damit beschäftigt, es wiederzufinden. Reicht das als Trost für deinen abgesprungenen Knopf?

Was mir jetzt aber durch den Kopf geht, ist die bedrückende Erkenntnis, daß unsere verstärkte Aufmerksamkeit für verlorene Zeit an sich schon ein Zeichen des Alterns ist.

Wir kommen mit einem immensen Reichtum an Zeit auf diese Welt und beginnen sie bereits in der Wiege zu verschwenden. Wir strampeln und schreien, schmatzen mit rosigem Mündchen ins Leere oder üben es in Saugbewegungen – ganz unprogrammgemäß und viel ausgiebiger, als es nötig wäre; wir benutzen unaufhörlich unsere Ein- und Ausfuhrkanäle: essen, nässen und entleeren Geformtes oder Ungeformtes, wuseln herum, krabbeln, brabbeln – und jedermann weiß, daß es weder Sinn noch Verstand hat.

Seinen Sinn erhält dieses Vorspiel erst im Laufe von Wachstum und umfassender Entwicklung. Und dann werden wir alt und wollen auf einmal jede Sekunde sinnvoll nutzen. Als ob das überhaupt möglich wäre ...

Als Kind habe ich die Schule gehaßt. Jedesmal zu Beginn der Ferien nahm ich mir vor, die schulfreie Zeit bis zur letzten Minute bewußt zu genießen; was mir natürlich nie gelang. Das Feriengefühl wogte auf und nieder; es überflutete mich als unnennbares Glücksgefühl, wenn ich den Weg über die Düne erkletterte und bei dem großen weißen Bau um die Ecke bog und das Meer vor mir liegen sah – tiefblau und in meiner Erinnerung auch voller Gold und Glanz unter einem endlos hohen Himmel.

Es war überwältigend, und ich war zutiefst davon durchdrungen, bis es von selber wieder verebbte ... bis zur nächsten aufschäumenden Woge.

Und jedes Mal dachte ich am Ende der Ferien dasselbe: »Du hast wieder nicht richtig aufgepaßt ...«

Ich warf mir tatsächlich vor, mit der kostbaren, unwiederbringlichen Freiheit nicht sorgsam genug umgegangen zu sein. Und dabei geht es doch just um dieses Auf und Ab – um den Wechsel: Denkt man gerade noch voller Begeisterung: Schau, das ist es! Sieh genau hin – erkennst du es wirklich? Dann genieß es auch! – ist es schon wieder Vergangenheit, und man läßt die Zeit sorglos durch die Finger rinnen.

Und dennoch bildet sich aus dem abrupten Wechsel von Festhalten und Entgleitenlassen dauerhafte Erinnerung.

Und während ich hier allerhand Tiefschürfendes zur Entlastung meines widersetzlichen Verhaltens anzubringen versuche, fällt mir etwas ganz anderes ein: Die ganzen schriftlichen Unterlagen, die ich mir jeden Morgen von neuem zusammensuchen muß (bei mir dreht sich ja so gut wie alles um Papier) – wo kommen die eigentlich her?

Klar: Die werden mit der »erschreckenden Papierflut« durch den Briefkastenschlitz in mein Haus gespült. Aber vorher, als Rohstoff?

Wie entsetzlich viel Regenwald opfern wir doch unserem zügellosen »Bedürfnis« nach Reklameprospekten für Kaffee, Gemüsekonserven oder Monatsbinden!

Von den Prospekten, Katalogen und Preislisten, die ich als Beilagen zu meinen sechs verschiedenen Regionalzeitungen erhalte, soll hier nicht die Rede sein. Aber ich habe jetzt einen Papierstreifen mit einer harschen Aufforderung auf meinen Briefkasten geklebt:

DRUCKSACHEN JEGLICHER ART STRENGSTENS VERBETEN!

Kein Mensch stört sich dran – es flutet weiter.

Ich habe eine Alfahilfe*, bin also Mitglied der Stiftung ›Hausfürsorge‹ und muß monatlich umfangreiche Arbeitsbescheinigungen dafür ausfüllen (dreifach!); außerdem wird mir wenigstens einmal im Monat ein Bericht über die Verwaltungstätigkeit der Stiftung zugestellt – z.B. über Veränderungen, die eingeführt worden sind, eingeführt werden sollen oder auf gar keinen Fall eingeführt werden. Ich lese sie zwar nicht, sammle sie aber pflichtschuldigst in einem großen Ordner.

Von *amnesty international* kriege ich regelmäßig Monatshefte zugesandt: Berichte und Verhandlungsprotokolle über die Zustände in allen möglichen Ländern der Erde; ich begreife die Inhalte immer weniger.

Weil ich mich für Euthanasie interessiere, bekomme ich Periodika, Berichte und haufenweise Zeitungsausschnitte zugesandt. Man hat sich zwar – nach eigenem Bekunden – vorgenommen, den Umfang der Informationen zu begrenzen, aber nichtsdestoweniger werden sie von Mal zu Mal umfangreicher.

Und – ach ja: die Stapel von Überweisungsformularen der vielen Hilfsorganisationen (fix und fertig ausgefüllt – bis auf die Höhe des Spendenbetrags). Wenn ich mich, angerührt vom Leid

* Haushaltshilfe für Schwerbeschädigte

der Welt, verpflichtet fühle, mein Scherflein zur Linderung des allgemeinen Elends beizusteuern, werde ich anschließend durch periodisch wiederkehrende Ermahnungen zu weiteren Spenden gemaßregelt.

Ja, ja – ich weiß, daß ich nicht dazu verpflichtet bin, aber der Gedanke, ich könnte mir eine Kontumaz* dabei einhandeln, ist mir sehr unangenehm. Mein Einkommen ist nicht beliebig dehnbar.

Aber nicht genug damit, daß ich den ganzen Papierkram entgegennehme – ich muß ihn auch verarbeiten. Ich stapele, sortiere und unterteile in »sofort erledigen«, »aufheben«, »wegwerfen«, »später durchlesen« und verteile alles auf eine laufend zunehmende Anzahl von Mappen; es hält mich stundenlang in Atem.

Unbegreiflicherweise finde ich bei aller Arbeit immer noch Gelegenheit, auf mysteriöse Weise genau das unauffindbar zu machen, was ich am dringendsten brauche.

Ach Ann, das ganze Papierzeugs birgt eine große Gefahr in sich; es ist eine echte Tortur für meinen Seelenfrieden und mein Selbstvertrauen. Man muß sich dagegen zur Wehr setzen. Man sollte eine Strategie entwickeln, die einen zum

---

* in Abwesenheit des Beklagten gefälltes Versäumnisurteil

»Herrn der Ströme« macht. Jedes Mal, wenn man darin zu versinken droht, sollte man sich vor Augen halten: »An mir liegt es ganz bestimmt *nicht!*«

Wer hätte je gedacht, daß Menschen derart allumfassend informiert sein müßten! Wer mag der Urheber der Schreckensvision namens »Information« sein?

Natürlich kommen wir Alten immer zuerst an die Reihe, denn: Wollen wir nicht immer »auf der Höhe« sein und mitreden können? Und wer von uns möchte schon, daß die Leute mitleidig die Schultern höben und untereinander tuschelten: »Man merkt, daß sie nicht mehr so ganz im Leben stehen ...«

Wartet nur! Eines schönen Tages fege ich den ganzen Kram von Tischen, Stühlen und Sofas, stopfe die ganzen »gesammelten Werke« in den Papiercontainer (natürlich nicht zum Müll: soviel Verantwortungsbewußtsein hab' ich immerhin!) und rufe streitlustig: »Also los, Leute – bedient euch!«

Deine Taube

Liebe Taube –

du hast recht: die Papierflut ist eine Katastrophe, und wir können uns genausowenig dagegen wehren wie gegen Wassereinbrüche. Man wird einfach davon überschwemmt und muß damit zu leben versuchen wie mit vielen anderen Plagen unserer Zeit, als da sind: ramponierte Telefonzellen, umgekippte Mülleimer, Bürgersteige mit ekelerregenden Hundeausscheidungen (um's anständig auszudrücken).

Was mich aber besonders ärgert, ist die zeitraubende Art der Verwaltung unseres täglichen Lebens als ganz normale Bürger, woran auch die Obrigkeit ein gerüttelt' Maß an Schuld trägt.

So bekam ich eine Mahnung der Städtischen Gaswerke, postwendend meine fällige Rechnung zu bezahlen; widrigenfalls sei mit sofortiger Stilllegung meines Gasanschlusses zu rechnen.

Was macht man da?

Man blättert irritiert die Durschschläge der Zahlungsanweisungen des Postgirokontos durch und ruft zornbebend die Gaswerke an. Nach einigen Querschaltungen (»... ich verbinde Sie mal mit ...«) konnte ich endlich meine berechtigte Klage vorbringen. Hätten sie nicht gefälligst recherchieren und dabei feststellen können, daß ich

eine seit -zig Jahren pünktliche Zahlerin bin?
Und wozu dann diese Drohung?

Fehlschuß; ich bin kein Mensch, sondern eine
im Computer gespeicherte Nummer – absolut
unpersönlich.

Wir sind also keine Individuen mehr – wir sind
Code-Nummern[*]: fürs Gas, für die Steuern,
für die Krankenversicherung – wie Kälber mit
Blechmarke am Ohr.

Nach vielen Minuten, die sich zu Viertelstun-
den summierten und schließlich zu Stunden auf-
geregter Telefonate und Nachforschungen, wurde
mein Gas auf Sparflamme geschaltet. Als ich kurz
darauf eine weitere Mahnung bekam: die Rechnung für einen (längst bezahlten) Kauf endlich zu
begleichen, ging der Behörde ein Licht auf.

Jawohl – Urheber der ganzen Aufregung, der
Zeit- und Energieverschwendung war zweifellos
die Post; der Briefumschlag mit meinen Zahlungsanweisungen hatte das Postgiroamt überhaupt nicht erreicht.

Die Post: inzwischen auch selber ein Opfer
von Vandalismus und Aggressionen. Als ich während der Feuerwerkszeit[**] einen Brief zur Post

---

[*] »Code« = Zeichensystem als Grundlage für Kommuni-
kation (Duden, 5)
[**] »Feuerwerkszeit« ist in den Niederlanden am Geburtstag der Königin.

bringen wollte – du lieber Himmel! Das ganze Vorderteil des Briefkastens* war weggesprengt, ein leerer roter Kasten gähnte mich an.

Doch selbst wenn sich die Kästen äußerlich intakt präsentieren, heißt das noch lange nicht, daß der Betrieb auch richtig läuft. Die Post ist nicht mehr die »gute alte Tante Post«, die sie früher mal war. Trotz der Arbeitslosigkeit in unserem Land gibt es immer weniger Briefträger, inzwischen nur noch einen einzigen am Tag. Es bringt eine Menge Ärger mit sich: »Hast du meinen Brief bekommen, den ich gestern nachmittag um sechs Uhr eingeworfen habe?«

Nun, manchmal klappt es – und manchmal klappt es eben nicht. Und das bei einem so riesigen Dienstleistungsbetrieb wie der Post. Schäbiger geht's nicht: *eine* einzige Briefkastenleerung pro Tag und eine einzige Zustellung. Ich glaube mich zu erinnern, daß die Post in unserer Jugendzeit mindestens dreimal täglich kam. Ich erinnere mich aber auch noch an Motorengeräusche am Sonntagmorgen: ein Postbote auf dem Motorrad brachte einen Expreßbrief; ganz normal – nichts Besonderes, alles ganz einfach und sehr freundlich.

---

* Niederländische Briefkästen sind etwa 1 Meter hoch und haben ein festes Fundament.

Wo findet man solche Freundlichkeit im Jahre 1995? Alles tiefgekühlt oder auf Eis.

»Hast du meine Ansichtskarte bekommen?« fragte meine Nichte. »Ich hatte eine ganz reizende ausgesucht – von dem schwedischen Maler Carl Larsson ...«

Nein, leider – ich habe sie nicht bekommen. Daß sie eine falsche Postleitzahl enthalten hätte, ist ausgeschlossen; Postleitzahlen sind ein fester Orientierungspunkt – nicht nur für die Post selber; ein sakrales Merkmal. Es ist das Territorium, innerhalb dessen wir unter Kontrolle sind.

Gestern war um halb neun meine Morgenzeitung noch nicht im Kasten. Ich rief die zuständige Instanz an und meldete es. Über so was ärgere ich mich, denn ich möchte die Neuigkeiten des Tages *lesen.* Welch ein Trost wäre es, wenn die Stimme am anderen Ende der Leitung sagen würde: »Oh, das tut uns aber leid! Ihnen wird die Zeitung sofort zugestellt!«

Ja, von wegen; die Stimme leierte sachlich: »Welche Postleitzahl haben Sie?«

Kürzlich hatte ich Schwierigkeiten mit einer Steuerveranlagung; es hing mit dem Bankeinzug zusammen und bedeutete für mich »böhmische Dörfer«. Nähere Auskunft war nicht zu bekommen, ich erhielt mir nichts, dir nichts eine neue Veranlagung: aus.

Als ich telefonisch eine Erklärung dafür verlangte, stellte sich heraus, daß das Begleitschreiben mit den entsprechenden Erläuterungen nicht in meine Hände gelangt war – eine Kopie sollte umgehend auf den Weg gebracht werden.

Also wieder einmal Sorge, Streß, vergeudete Zeit, verschwendete Energie; alles für nichts und wieder nichts und nur wegen eines dämlichen Fehlers. *Wessen* Fehler?

Wir alten Menschen werden grundlos unserer ohnehin karg bemessenen Energie beraubt, die eigentlich nur noch für *das* ausreicht, was ich »Instandhaltung des eigenen Ich« nennen würde.

Darüber hinaus hätte ich nur einen einzigen Wunsch: einen Sekretär zur Erledigung meiner Korrespondenzen und einen Butler, der mich zur rechten Zeit mit Tee versorgt.

Was ist, Taube: Strömen mit deiner Papierflut ebenfalls am laufenden Band Bittschreiben von Wohlfahrtsverbänden oder von Herausgebern (von was für Zeitschriften auch immer) durch deinen Briefkastenschlitz, die dich um die Ermächtigung bitten, den Monatsbeitrag (der Einfachheit halber) per Bank einziehen zu dürfen?

Ja, sonst noch was? Das würde einem doch die Übersicht ganz und gar nehmen!

Weißt du, wie *ich* in solchen Fällen reagiere? Ich schreibe: »*Nein!*« und setze mein Geburtsjahr dahinter. Es soll ihnen klarmachen, daß ich mit »so was« nicht mehr anfange.

Du meine Güte – was für eine Jeremiade*!

Wenn die Post sie zu lesen bekäme, würde sie den Brief bestimmt nicht befördern.

(Meinen Glauben an das Gute lasse ich mir aber trotzdem nicht rauben!)

Deine Ann

* Klagelied (bibl.)

Liebe Ann –

deinem Brief nach zu urteilen, bist du zur Zeit so
aufgebracht wie mein Nachbarkater. Sein Frauchen ist zu einer Freundin nach Thailand gereist –
das Tier scheint es zu spüren, und jetzt kommt es
zu mir und beschwert sich.

Als sein Frauchen vor einiger Zeit im Krankenhaus lag, war es das gleiche; er kam zur Tür
herein und raunzte mich so unfreundlich an, daß
meine Besucherin verblüfft fragte: »Was hat *der*
denn?«

»Er meint, ich sei schuld«, sagte ich – ziemlich
unwissenschaftlich. Denn natürlich können Katzen nicht denken, aber dieser Kater ist eindeutig
der Überzeugung, ich sei verpflichtet, sein jewei-
liges Elend zu lindern. Also gab ich ihm meine
letzte Scheibe gekochten Schinken, die ich eigentlich zum Frühstück hatte verzehren wollen,
und versprach, aus der Stadt Makrelenfilet für ihn
mitzubringen.

Du schriebst letzthin ja selber, daß fast jeder
eine Nachbarkatze hat, für die er ein bißchen verantwortlich ist. Meine Anzahl an tierischen Beziehungen schwankt immer etwas; vor einiger
Zeit beliefen sie sich auf ein knappes Dutzend,
aber jetzt habe ich nur diesen Boris. Wenn sein
Frauchen auf Reisen ist, wird er zwar von Nach-

barn versorgt, aber ausweinen tut er sich bei mir. Ich versüße ihm sein ödes Dasein mit kleinen Extras und besuche ihn ab und zu, lasse ihn hinaus und bringe ihn bei Regenwetter eigenhändig in sein schönes trockenes Zuhause zurück. Haustiere sind sehr wichtig, und deshalb teilen sich Nachbarn oder Bekannte häufig die notwendigen Aufgaben. Das rührt sicher auch daher, daß so viele Leute außer Haus arbeiten und gelegentlich auch andere um einen Gefallen bitten müssen.

Meine Schwiegertochter, die hin und wieder ins Ausland reisen muß, hat zum Beispiel für ihre Hündin eine gute Pension entdeckt, in der sie sich sehr wohl fühlt (die Hündin, natürlich!). Und weißt du noch, wie wir beide damals im Amsterdamer ›Centraal Station‹ Frauenseiten zusammenstellten (»Frauenseiten« – das klingt richtig besinnlich, aber in Wirklichkeit waren sie sehr fortschrittlich!) und daß ich jedesmal (ich kam aus Gouda!) mein verwöhntes Hündchen mitbringen mußte, weil es keine Sekunde lang allein zu Hause bleiben wollte?

Eigentlich drollig, daß so viele Menschen das Bedürfnis nach tierischer Gesellschaft haben; was mag dahinterstecken?

Nun, tatsächlich entkommen sie – mit dem Tier als Gesellschafter – der Herrschaft des Wortes, der Rede; nichts muß festgelegt oder fest umrissen werden. Es findet ein Austausch von gefühlsbetontem Verstehen und Vertrauen statt, und das – so meine ich – wirkt sehr entspannend und scheint mir besonders für ältere Menschen wichtig zu sein (»... so meine ich« und »... scheint mir ... wichtig zu sein« [in der Möglichkeitsform also] schreibe ich nur deshalb, weil ich selbst kein Haustier mehr habe und das ganz gemütlich finde).

Ein Tier um sich zu haben befriedigt ihr emotionelles Bedürfnis nach etwas Lebendigem in ihrer Behausung: ein Geschöpf, mit dem man reden oder auch Körperkontakt aufnehmen kann. Man kommt heim, und da sitzt es schon und wartet, es bellt freudig »wau-wau!« oder maunzt zärtlich »miaaauuu ...«

Man kann es verwöhnen, kann dem Hausgenossen seine Lieblingsspeise besorgen und darf ein bißchen »lieber Gott« sein für ein lebendes Wesen innerhalb eines immer leerer werdenden Umfeldes. Wenn durch besondere Umstände die Trennung von einem Tier notwendig wird – wenn sich zum Beispiel jemand in die Obhut einer Heil- oder Pflegeanstalt begeben muß, dann ist das für den Betroffenen ein zusätzlicher dramatischer Aspekt.

Verständlicherweise wäre ein mitgenommenes Tier in einem Haus voll pflegebedürftiger Menschen ein Unding; es würde Komplikationen auslösen, die nicht zu bewältigen wären: anhaltendes Bellen, Miauen, Kampfhandlungen untereinander oder das Ausführenmüssen bei Wind und Wetter.

Wo sollten sie gefüttert, wie sollten die unappetitlichen Hundehaufen »entsorgt« und wo der Katzen-Sandkasten untergebracht werden? Ich weiß: Der Staat hat zu wenig Geld und das Personal zu wenig Zeit, aber eines weiß ich auch: Das Verbot des Mitbringens von Haustieren ist des Teufels; es ist eine grausame Beraubung, die der betroffene Mensch kaum verkraften kann.

Bei der kürzlichen Überschwemmung war mir allein schon der Anblick der Tiere, die rücksichtslos auf die rettenden Fahrzeuge verfrachtet wurden: nervös quiekende Schweine und angstvoll glotzende, unwillige Kühe – fast unerträglich. Und dann erst die Kinder und die Erwachsenen, die mit ihren Vögeln, ihren Hündchen und anderen Schutzbefohlenen in irgendeiner Ecke Zuflucht suchten, als könnten sie sich damit ein Stück Heimat bewahren. Ich glaube, der Umgang mit Tieren ist auch deshalb so vergnüglich, weil man sie so schön beobachten kann.

Die Katze meiner Schwester, zum Beispiel. Wenn ich bei ihr (meiner Schwester) zu Besuch bin, postiert sich ihre Katze, die normalerweise auf dem Bett oder dem Nachtkommödchen ihrer Herrin nächtigt, auf einem Stuhl zwischen ihrem (meiner Schwester) und meinem Zimmer.

Warum macht sie das? Hält sie es für geraten, mich im Auge zu behalten? Oder freut sie sich einfach über die zusätzliche Gesellschaft?

Katzen lieben Menschen – wenn auch nicht unbedingt alle.

Als kurz nach mir ein anderer Gast im Haus war, hatte meine Schwester erwartet, ihr Stubentiger werde auch diesmal zwischen den beiden Schlafzimmern Platz nehmen.

Nichts da! Er gefiel sich darin, die ganze Nacht hindurch dem Gast aufs Bett und wieder davon herunterzuspringen. Er macht also durchaus Unterschiede zwischen den Gästen. Wieso auch nicht; der eine Gast ist nicht wie der andere.

Katzen sind überhaupt rätselhafte Wesen. Warum ziehen sie gerade solche Menschen vor, die sich ein wenig vor ihnen fürchten? Meine Mutter hatte nichts für Katzen übrig, aber gerade *ihr* sprangen die Viecher immer auf den Schoß und schnurrten sich eins. Es gibt verschiedene Deutungen für dieses Phänomen, und die zuletzt vernommene besagt, daß Katzen es nicht lieben, von Menschenaugen intensiv betrachtet zu werden, und sich deswegen lieber an jemanden halten, der Abstand zu wahren weiß.

Einer von unseren Zwillingen beschäftigt sich am liebsten mit Tieren; er lotet dabei fortwährend die Grenzen dessen aus, was in einem nicht allzu großen Haus mit fünf Personen machbar ist oder nicht. Er träumt von einer Zukunft mit einem riesigen Haus und einem Garten mit einer astronomischen Anzahl von Käfigen und Gehegen, darin er alles unterbringen kann, was da kreucht und fleucht.

Eigentlich rührend, wie uns die gefährdete Tierwelt immer noch am Herzen liegt.

Deine Taube

p. s.: Ich lese soeben, daß irgendwer einen Haustier-Interessenverein gegründet hat, der die Bundesgenossenschaft zwischen Mensch und Tier festschreiben will. Wenn jemand sein Haustier verloren hat, darf er hingehen und sich ausweinen. (Haha!)

Trotzdem. Solche Dinge entstehen wahrscheinlich aus dem abgrundtiefen Bedürfnis der Menschheit nach Kontakten untereinander. Und eigentlich sollte uns das doch ein bißchen nachdenklich machen.

Liebe Taube –

ich habe gelesen, daß – wenn ich mich richtig erinnere (aber wer bin ich, daß ich mich an irgend
etwas »richtig erinnern« könnte!) – die Hälfte
aller Niederländer für sich allein lebt (mit oder
ohne Nachbarskatze – um kurz auf deinen Brief
einzugehen – oder mit eigener Katze, denn wahrscheinlich haben die meisten älteren Leute eine
Hauskatze: Sie sind pflegeleichter als Hunde,
bellen nicht, stinken nicht, müssen nicht ausge-
führt werden, sind angenehme Gesellschafter und
lassen sich widerstandslos streicheln).

Du und ich, wir gehören – wie viele andere aus
deinem und meinem Freundeskreis – zu den
»Atomen«[*] der menschlichen Gesellschaft. Allein
zu wohnen ist heutzutage ganz normal.

In den sechziger Jahren war das noch anders.
Damals arbeitete ich bei der Zeitung, und wenn
ich mir abends auf dem Nachhauseweg unbedingt mit irgend etwas den Magen füllen mußte,
kaufte ich mir bei dem Metzger kurz vor dem
Bahnhof ein »Tataartje«[**]; während er das Ding
einpackte, war sein stereotyper Kommentar:
»Ach ja – allein ist eben allein ...« Und sein Blick

[*] wohl im Sinne von »kleinste Einheit«
[**] halbes Baguette-Brötchen mit Rinderhack oder Mett

fügte hinzu: Ich hätte dir wirklich was Besseres gegönnt ...

Lieber Metzger!

Wenn ich daran zurückdenke, wird mir klar, wie sehr sich unsere Lebensgewohnheiten und die Betrachtung der Dinge geändert haben. Allein wohnen: Ich möchte es gar nicht anders haben und du doch auch nicht – oder?

Außerdem bin ich ein Steinbock, und Steinböcke brauchen das Alleinsein (jedenfalls habe ich das in einem Heft über die Bedeutung der Tierkreiszeichen gelesen).

Es steht natürlich zu befürchten, daß sich nicht jeder sein Alleinsein selbst ausgesucht hat. Allzu oft wird es ihm (oder ihr) einfach zugefügt; wie den zahllosen Frauen, die ihre Männer überlebt haben und das Beste daraus zu machen versuchen.

Meine hier ansässige russische Freundin bat mich vor kurzem, ihr bei der Abfassung eines englischen Briefes behilflich zu sein. Sie spricht perfekt Französisch, kann aber kein Englisch. Sie hat, wie du ja weißt, bereits vor Jahren ihren Mann verloren – Kinder hat sie nicht.

Es war ein Brief an eine nicht mehr ganz junge Frau, die das gleiche Schicksal erlitten hatte wie sie selbst; mit tröstenden Worten zählte sie alle guten Seiten des Alleinseins auf: »... jetzt kannst du dir den Tag nach *deinem* Gusto einteilen, brauchst dich in der Wohnung an niemandem mehr zu stören. Du darfst deiner Lieblingsbeschäftigung nachgehen und die kleinen Freuden des Alltags genießen ...«

Vernünftig bedacht und in wohlklingende Worte gefaßt. Ich muß ihr recht geben.

Nur eines gibt es, was ich als Schattenseite des Alleinlebens betrachte: meine einsamen Mahlzeiten. Ich denke voller Wehmut an die Mahlzeiten in meiner Jugend mit mindestens sechs oder sieben Erwachsenen rund um den Tisch – oder an Jans Familie, bei denen sogar die Katze mit am Tisch sitzen durfte: auf einem Zusatzschemel, der es ihr erlaubte, die Tafel zu überblicken. Ein echtes Privileg für die Familienkatze.

Ich mache aus meinen Solomahlzeiten, was ich kann: Ich lege ein hübsches Platzdeckchen auf, stelle einen Strauß Blumen dazu und kredenze mir ein Glas Wein. Manchmal habe ich ein paar lose Blätter mit Gedichten neben meinem Teller liegen – ›Kees Stip‹ oder so. Aber lesen und essen zugleich ist bei mir gleichbedeutend mit Fettflekken und anderer Ferkelei.

Freilich: Während des Essens zu lesen – das wird von den fanatischen Verfechtern des Slogans »Gesünder leben!« streng verurteilt. Beim Kauen soll man an die Nahrung denken, die man soeben im Mund zerkleinert.

Nun, was mich betrifft: da wär' ich mit dem

Denken rasch zu Ende. Im Hinblick auf den Hunger in aller Welt wär' es ohnehin anständiger, sich auf die Dankbarkeit zu besinnen. Es ist nicht selbstverständlich, daß wir jeden Tag ausreichend zu essen haben. Darüber hinaus aber ist mir der Gedanke an Kartoffeln, in denen wer-weiß-wie-viel Gift zur Vernichtung von gefräßigen Käfern übriggeblieben ist, ziemlich unsympathisch. Die Spritzmittelreste auf den Salatblättern sind nicht wegzukriegen – und das Fleisch? Ist es von einem der bedauernswerten Holzverschlag-Kälber, die der Tierfabrikant, der am Elend der Kreatur verdient, vornehm »individuell gehaltene Tiere« nennt?

Natürlich kann man sich Gesellschaft zum Essen außer Haus suchen; nein, nein – nicht in einer Gaststätte mit viel zu vollen Tellern! »Seniorenportionen« sind für junge Leute kein Begriff; sie haben eben keine Ahnung, wie wenig man als Über-Achtziger überhaupt noch bewältigen kann!

Neuerdings gibt es viele Möglichkeiten, gemeinsam mit anderen Alleinstehenden zu essen. Der Haken dabei ist nur, daß man sein Heim zu einer Tageszeit verlassen muß, wo man eigentlich nichts anderes mehr sein möchte als müde.

Wer will, kann sich aber auch am Gästetisch in der Berufsschule (Abt. Kochunterricht) zum Essen niederlassen, sogar zur Mittagszeit.

Sicher wirst du – wie ich – öfter mal gefragt, ob

du noch selber kochst. Daß du das schaffst – sozusagen »mit links«, das weiß ich, denn du hast ja früher auch für deine Familie gekocht.

Ich nicht; ich habe zwar auch kochen gelernt, aber in die Praxis umsetzen konnte ich das erst in unserem Hungerwinter, als ich für unsere fünfköpfige Familie täglich eine warme Mahlzeit zusammenbringen mußte. Ich war Klasse im Zubereiten von Suppen aus Kartoffelschalen mit Rosenkohlstrünken (geklaut von einem kleinen Feldstück bei den »Moffen«*), Löwenzahn, Brennesseln und weiterem genießbarem Unkraut.

Daß ich heute anerkannte Expertin im Herstellen von veredelter** (»velouté« nennen die Franzosen das) dicker grüner Suppe bin, sehe ich als Lohn meiner damaligen Bemühungen an.

Mit einem Klumpen Butter und einem Stück Baguettebrot ist meine »grüne Suppe« übrigens eine volle Mahlzeit, wozu man jemanden, der keine allzu hohen Ansprüche stellt, getrost einladen kann.

Deine Ann

---

* »Moffen« ist der Spitzname für Deutsche, hier: die deutschen Soldaten während der Besetzung der Niederlande.
** sämig gemacht

Liebe Ann –

es ist schon etwas länger her, daß ich auf einer Tagung in Sachen »Wohnungsbau und Unterkunft«
die Frage aufwarf, warum immer nur »familien-
gerechte« Wohnungen gebaut würden.

Ich stieß auf allgemeines Unverständnis – und
dabei ist die Thematik doch recht einfach: Ich
wollte lediglich zur Debatte stellen, daß nicht
ausschließlich Wohnungen für »Papa, Mama und
zwei Kinder« benötigt würden, sondern auch
Unterkünfte für Leute mit anderen Lebensstruk-
turen.

Beim sozialen Wohnungsbau steht immer noch
die Familie im Vordergrund. Im Jahr 1995 aber,
das – alternativ zum offiziellen »Jahr der Familie« – von den Interessenverbänden zum Jahr
»Alleinstehender Personen« ausgerufen wurde,
müßten den zuständigen Gremien eigentlich die
Ohren klingen.

Deiner Kenntnis nach haust die Hälfte aller
Niederländer für sich allein. Irgendwo habe ich
gelesen, daß auf drei Familien ein Einzelhaushalt
kommt – und das ist tatsächlich schon viel. Und
aller Voraussicht nach könnten die errechneten
zwei Millionen (wenn man von gravierenden
Schwankungen einmal absähe) in etwa fünfzehn
Jahren auf zweikommasieben Millionen Allein-

stehender angewachsen sein; so jedenfalls lautet die Prognose.

In Zeiten großer Wohnungsnot nach dem Krieg ging es nur um ein Plätzchen, darauf der Mensch sein müdes Haupt niederlegen konnte. Mit der Suche nach einer »Ein-Personen-Wohnung« wäre man an eine Grenze gestoßen; Alleinstehende waren als Problem noch nicht akut – es gab sie nicht; jedenfalls nicht im Sprachgebrauch der Bürokratie. Notfalls wurde ihnen irgendwo irgendein Raum zugewiesen. Was hätten sie mehr verlangen können! Familien hatten – wie immer und überall – den Vorrang.

Das hört sich härter und ungerechter an, als es in Wirklichkeit war; in jener Zeit hatten auch Familien um eine lebensgerechte Bleibe hart zu kämpfen. Ich weiß noch, wie ich während der sechziger Jahre bei einem Besuch in Belgien regelrecht in Ekstase geriet, als ich dort leerstehende Häuser mit dem Schild TE HUUR* erblickte! Zu vermieten – und freie Auswahl!

In unserem Land hatte man mir – nach langem Hin und Her – für meine Familie mit vier heranwachsenden Kindern eine winzige Etagenwohnung (drei oder vier Zimmerchen – ich weiß es nicht mehr genau) angeboten.

Mehr Wohnraum hätte größere verfügbare

* zu vermieten

Geldmittel vorausgesetzt. Und dann schlug der Wohlstand zu, und die »Ausdünnung« der Familien nahm ihren Anfang. Vielleicht glaubt dieser oder jener Metzger immer noch, die Alleinstehenden (zu denen wir beide auch gehören) seien nichts als ein sitzengelassenes oder übriggebliebenes Häuflein armer Seelen, an denen nichts mehr zu verdienen sei.

Inzwischen aber sind wir dabei, uns mit aller Macht zu emanzipieren.

Ja, Ann – daran muß wirklich noch viel getan werden; sind wir doch immer wie die Hühner zur Stelle, wenn es etwas zu diskriminieren gilt. Man findet an jedem etwas auszusetzen – und was für tolle Möglichkeiten bieten sich dafür gerade bei Alleinstehenden! Ich will nur ein paar Behauptungen herausgreifen: »Sie haben weniger Unkosten«, »... haben es einfacher«, »... können nach ihrem eigenen Geschmack leben«, »... sind egoistisch«.

Sicher fallen dir auch noch ein paar weitere nette Sprüche ein. Jemand hat dir sogar mal vorgehalten, als Alleinstehende brauchtest du eigentlich nur ein Zehntel dessen zu verdienen, was ein Kollege von dir bekam, der zehn Kinder zu versorgen hatte.

Natürlich waren die Argumente unsinnig, aber mit »halbem Ohr« wurden sie dennoch registriert. Die Leute regen sich eben gern darüber auf, daß es jemand anderem besser geht als ihnen selbst.

Inzwischen sind wir uns aber unseres eigenen Wertes bewußt geworden – auch des ökonomischen. Wir gründen Parteien, und Jüngere erklären für sich, daß sie es vorziehen – jawohl: *vorziehen!* – als »Single« zu leben.

Bestimmt kann sich derartiges nicht vollziehen, ohne daß es Folgen hätte. Entsinnst du dich des wunderschönen englischen Wahlspruchs: »My home is my castle«*?

Natürlich handelte es sich dabei nicht um das Heim eines Alleinstehenden; in dieser »Burg« hauste eine Familie, lebten Bedienstete mit ihren Angehörigen und hatten ein Dach überm Kopf. Und die Burg war eine Festung, in der man sich geborgen fühlte; es war der Inbegriff der Sicherheit. Jedermann hatte Respekt davor – Unbefugte (ja, Ann – so nannte man sie: *Unbefugte!)* hätten es sich zweimal überlegt, ob sie in ein solches Haus eindringen sollten! Solche »Homes« standen nicht leer – im Gegensatz zu den halbleeren Häusern hierzulande. Und dies wiederum wurzelt – ich bin fest davon überzeugt! – in den zunehmenden Gefahren aller Art und dem damit verbundenen Gefühl, seines Lebens nicht mehr sicher zu sein.

---

* »Mein Haus ist meine Burg« (auch: ... mein Schloß)

Vor kurzem las ich, daß ein altes Ehepaar die ganze Nacht hindurch abwechselnd Wache hielt; sie getrauten sich nicht, beide gleichzeitig zu schlafen. Man muß also wirklich von beginnender Vereinsamung reden, und die tragischen Folgen sind bereits jetzt absehbar.

Gleichzeitig aber suchen wir immer wieder Wege der Humanisierung und bringen Prozesse in Gang, in denen der Mensch Trost findet.

Eine meiner Freundinnen, die ihr Leben lang immer und absolut im Kreis ihrer Verwandten und Freunde aufging, hat sich jetzt, da sie allein zurückgeblieben ist, einem Verein angeschlossen. Die Mitglieder lesen Bücher und sprechen darüber, sie besuchen Ausstellungen und treffen sich zu bestimmten Zeiten.

»Ich finde das einfach toll«, sagte sie erstaunt. So was hätte sie vorher gar nicht für möglich gehalten.

Eigentlich brauchten wir uns über die Veränderungen, die das Leben so mit sich bringt, gar nicht aufzuregen. Was anfänglich als Verlust erscheint – kann sich ins Gegenteil verkehren. Wenn man sich ein wenig Mühe gibt, kann man neue Freundschaften schließen oder Kontakte knüpfen – manchmal sogar auf Gebieten, die einem früher verschlossen waren oder feindlich dünkten. Oft entdecke ich innerhalb der Vereine eine große Herzlichkeit im Umgang der Frauen miteinander.

Es ist anders als früher, da wir in Familienge-
meinschaften lebten – als alles von selber lief und
wir uns keine Mühe geben mußten, »dazuzuge-
hören«. Wir fühlen, daß wir der Mißachtung
langsam Herr werden und uns sogar mit einer
gewissen Genugtuung »Alleinstehende« nennen.

Deine Taube,
die manchmal ganz gut ohne Hilfe fliegen
kann!

p. s.: Ich hab' noch was vergessen – und natürlich
muß ich noch mal eben querschießen: Allein essen
zu müssen, finde ich überhaupt nicht schlimm.
Ich gebe gern zu, daß ich auch mal ein Kochbuch
benutze; und ob ich wirklich immer ordentlich
für mich selber koche – nun, das weiß ich nicht.
Ich verlege mich mehr auf fremdländische Phan-
tasiegerichte, bei denen ich hinterher zufrieden
feststelle: »Das hat prima geschmeckt.«

Aber bitte mich nicht um das Rezept; ich
wüßte es nicht mehr!

Liebe Taube –

in unserer Zeitung fiel mir ein großes Foto ins
Auge – ein richtiger Blickfang: eine alte Frau mit
prachtvollem Haar, die vergnügt in einen Hand-
spiegel blickt, um ihre neuen Ohrringe zu bewun-
dern. Sie sind ein Geschenk des Bürgermeisters zu
ihrem hundertsten Geburtstag und gleichzeitig die
Erfüllung eines langgehegten Wunsches.

Fabelhaft! dachte ich, ... wie schön, daß sie
sich in ihrem Alter noch bemüht, das Beste aus
sich zu machen und sich auch noch daran zu er-
götzen. Mit einer solch positiven Einstellung zum
Leben ist es zweitrangig, ob man dreiundsechzig,
dreiundachtzig oder hundertdrei Jahre alt wird.

Ein hübsches Bild! Es freute mich vor allem
deswegen, weil die Amerikanerin Betty Friedan
uns mit ihrem Buch ›The Fountain of Age‹ darauf
aufmerksam gemacht hat, daß – wenn je in einer
Zeitung oder Zeitschrift eine bebilderte Reporta-
ge über eine ältere Frau erscheint, das Foto zumeist den Hinweis enthält: »... als sie noch jung
war.«

»Wir fürchten uns vor dem Alter –«, so schreibt
sie – »weil es das endgültige ›Vorbei‹ des Jung-
seins offenbart, und das wird nur allzu gern unter
den Teppich gefegt. Weil dies aber so ist, erkennen wir die wirklichen Probleme nicht: das Feh-

len jener Motivation zum Beispiel, die alte Menschen dazu ermutigt, ganz normal weiterzuleben: vital, nützlich, energisch und produktiv ...«

Ihrer Meinung nach macht sich die Geriatrie insofern schuldig, als die zuständigen Ärzte ihre alten Patienten nicht genügend dazu ermuntern, ihre verbliebenen Energien sinnvoll zu nutzen. Warum interessieren sich die Ärzte – anstatt immer nur auf die Mißlichkeiten des Altseins zu starren wie das Kaninchen auf die Schlange – nicht mal für das, was alte Menschen noch aus eigener Kraft zuwege bringen können?

Ja, Taube – ich bin derselben Meinung wie diese schöpferische Frau von zweiundsiebzig Jahren. Wir Alten werden um Kalenderjahre älter als früher, aber wir bleiben ein Teil dieser Gesellschaft und müssen wirklich das Beste daraus zu machen versuchen; wir müssen uns mit ganzer Kraft dafür einsetzen.

Und das muß selbstverständlich auch anerkannt werden: die Gesellschaft muß uns zur Kenntnis nehmen – wir müssen uns mit der gleichen Vehemenz emanzipieren, wie es die »Alleinstehenden« in deinem Brief tun.

Über die Älteren und was sie noch darstellen – auf welchem Gebiet auch immer – wird sehr wenig publiziert; sie sind nicht mehr interessant genug. Und dabei wissen wir beide doch, wie außerordentlich viel sich in dieser Generation noch tut, wie umfassend ihr Beitrag zu dieser Gesellschaft auf kulturellem und künstlerischem, vor allem aber auf dem Gebiet caritativer, vielfach von über Sechzigjährigen geleisteten Arbeit ist.

Hast du je etwas darüber gelesen?

Ermuntert durch Betty Friedan, habe ich in einem willkürlich herausgegriffenen Packen ›Libelle‹* herumgestöbert, um etwas Lesenswertes über das Thema »Altsein« zu finden. Dreimal wurde ich in den insgesamt zwölf Ausgaben fündig; die eine Geschichte handelte von einem dementen Opa, der seinem Enkel viel Kummer bereitete. Die zweite »story« betraf einen altgewordenen Familienvater, der im Seniorenheim ein neues Glück in Gestalt einer dort ansässigen Witwe fand. Und schließlich begegnete ich in einem »Modebericht« drei Frauen; die Großmutter durfte Mutter und Tochter zum Einkauf von neuen Kleidern begleiten. Sehr dürftig. Als ob sich in der Welt der über fünfundsechzig Jahre alten Frauen nichts Wichtigeres mehr abspielte! Aber der Trend der Jungen geht in die Richtung »… nicht hinsehen!« Die Alten haben in dieser Welt, die »Jungsein« zum Kultbegriff hochstilisiert hat, nichts mehr zu melden; sie sind kein Thema mehr. Und so geht man achtlos an den vitalen, wichtigen und inspirierenden alten Men-

* niederld. Frauenzeitschrift

schen vorbei, von denen es mehr gibt, als man denkt, und die sehr wohl »der Mühe (des Hinschauens) wert sind«.

Friedans Buch über die wohltuende Quelle, die wir Älteren für die Gesellschaft darstellen sollen, ist ein Mammutwerk – basierend auf amerikanischen Lebensformen und -zuständen, voll von Forschungsergebnissen und Statistiken. Was sie aber zu sagen hat, versetzt einem sozusagen einen Stoß – es reißt einen mit und führt einem ein Reservoir überraschender Möglichkeiten sowie Leistungsbeweise vieler alter Menschen vor Augen, über die gleichwohl hartnäckig geschwiegen wird.

»Wir müssen unsere Rolle noch lernen«, sagt sie, »denn bislang haben wir weder eine erkennbare Identität noch Richtlinien; wir müssen uns aneinander aufrichten.«

Was mich sehr berührt hat, sind ihre Anmerkungen über die immense Wichtigkeit einer Star-Operation bei alten Leuten: Die Rettung oder Erweiterung der visuellen Sicht macht es uns möglich, den Verlauf der Dinge mühelos im Auge zu behalten … Betty Friedans Betrachtung der Leistungen, die immer wieder von älteren Menschen hervorgebracht werden, ist eine Herausforderung für die Medien und für ihr Publikum – nicht zuletzt aber auch für die »Alten« selbst, die oft genug die Lust am »Mitmachen« einfach verlieren: »Danke, mir reicht's …«

Sie haben nichts anderes mehr im Sinn, als ein Plätzchen auf dieser zerrütteten Welt zu finden, wo sie ihre Ruhe haben. Auf einer Welt, in die sich das Geschwür der Mafia immer tiefer hineinfrißt, wo im Großen wie im Kleinen die Unzuverlässigkeit herrscht, wo Haß, sinnlose Vernichtung, brutale Schamlosigkeit und eine geradezu verächtliche Zerstörung all jener Werte, die unser Leben lebenswert machen, die Oberhand zu gewinnen drohen. Eine Welt, die mich voller Wehmut an die Ruhe, die Sicherheit und Zuverlässigkeit zu Beginn dieses Jahrhunderts zurückdenken läßt.

Es gibt Tage, da ich mich so erschöpft und mutlos fühle, daß sich in meinem Kopf wieder einmal der Hilferuf eines vom Leben Enttäuschten zu drehen beginnt: »Erde! Halt einen Augenblick an – ich will abspringen ...«

Ich hab' es mal irgendwo gelesen und nie mehr vergessen.

Aber so einfach geht es natürlich nicht; geduldig wie eine Ameise muß man unaufhörlich sein Sandkörnchen zum Bau einer anderen, besseren Welt aufnehmen und weitertransportieren ...

Deine Ann,
die nicht aufgeben will

Liebe Ann –

kannst du dir das vorstellen: eine kleine Turn-
halle, proppenvoll mit Eltern, Brüdern und
Schwestern – auf der Bühne Grüppchen singen-
der Kinder, malerisch drapiert mit Bettüchern,
Wolldecken, Nachtjäckchen und was sich sonst
noch in Schränken oder Truhen aufstöbern und in
Engels-, Hirten- oder Königsgewänder verzau-
bern läßt. Zwischen improvisierten Vorhängen
treten Josef und Maria mit dem Christkind im
Arm hervor …

Ach, wie viele solcher Krippenspiele hab' ich
im Laufe der Zeit schon miterlebt! Die Inszenie-
rungen waren jeweils verschieden, die Spieler
mehr oder weniger (zumeist weniger) talentiert,
aber immer herrschte eine Atmosphäre des Wohl-
wollens und herzlicher Zuneigung.

Und auf einmal sagt hinter mir jemand: »Dies
ist dein letztes Krippenspiel.«

Für einen Augenblick fährt mir der Schreck
schmerzhaft in die Glieder: »… dein letztes –«
wieso?

Dann aber verstehe ich. Es geht um meine
jüngsten Enkelkinder, die nächstes Jahr beide in
der »Mittelstufe« sein werden; und auf der Mit-
telschule herrscht der Ernst des Lebens – aus dem
Krippenspielalter ist man endgültig heraus. Ich

wische mir verstohlen eine Träne weg. Habe ich je darüber nachgedacht, daß irgendwann die Jahre *ohne* Krippenspiele anbrechen würden?

Es gab Unterbrechungen, aber die Spiele kehrten immer wieder. Zuerst waren es meine Kinder, um die es ging – alles war noch funkelnagelneu und entsprechend aufregend. Ich schwankte zwischen bangem Herzklopfen und der Hoffnung, daß sie »schön« spielen würden, ihren Text gut gelernt hätten und ihren Einsatz nicht verpaßten. Und natürlich war ich in meinem Herzen zutiefst davon überzeugt, daß sie eine größere Rolle verdient hätten; eine Hauptrolle!

Und nach einer Zwischenzeit waren dann die Enkelkinder dran. Eines von ihnen hatte den Wunsch, später einmal zur Bühne zu gehen; und so was macht einen ja doppelt neugierig. Ich reckte den Hals, aber ich konnte sie nur undeutlich sehen, sie stand viel zu weit hinten; und ach – was für ein Piepsstimmchen! Wo sie zu Hause doch so gewaltige Lautstärke entwickeln kann!

Manchmal langweilte ich mich auch. Nun ja, ich hatte schon so viele Krippenspiele gesehen … Aber hatte ich je an »ein letztes« gedacht?

Wahrhaftig, das ist komisch an diesem Leben: Man glaubt genau zu wissen, in welche Richtung es läuft; bestimmte Dinge haben immer dazugehört, und das soll auch so bleiben – daran gibt es keinen Zweifel. Und auf einmal sagt jemand ohne Vorwarnung: »Dies ist dein letztes Krippenspiel ...« Man hat nicht einmal die Gelegenheit, sich innerlich darauf einzustellen. Schluß, aus.

Als unsere Kinder heranwuchsen, waren wir dauernd auf der Suche nach einem Haus, das einer anschwellenden Familie wie der unseren mehr Raum bieten könnte.

»Anschwellenden« – jawohl.

Wir selber bekamen zwar keine Kinder mehr, aber eine Familie in einem solchen Stadium neigt dazu, anzuschwemmen und auszuwachsen. Freunde und Freundinnen der unterschiedlichsten Vertrauensgrade wurden angeschleppt, und wir kamen immer mehr zu der Überzeugung, das zu findende Haus könne überhaupt nicht groß genug sein.

Und dann kam der Morgen, an dem wir ein herrlich großes Haus besichtigten und bereits eine Zukunft wunderbar geräumigen Ausmaßes vor uns sahen. Wenig später aber blieb ich mitten auf der Straße stehen und rief erschrocken: »Aber das brauchen wir doch gar nicht mehr – es ist zu spät!«

Es konnte in der Tat nur noch ein paar Jahre dauern, bis die Kinder das Haus verlassen würden. Die Familie, die lange Zeit hindurch eine feststehende Größe gewesen war, würde in eine neue Phase eintreten. Bob und ich wären nicht mehr Mittelpunkt dieser Lebensgemeinschaft, die immer unsere »feste Burg« gewesen war.

Ob das bei anderen Leuten auch so läuft?

Wenn ich zurückdenke, hat sich mein Leben wirklich auf sonderbare Weise aufgeteilt – ich wurde wie eine Schachfigur hin- und hergeschoben.

Als du pensioniert wurdest, war das natürlich eine feste Grenze. Bei mir war alles anders, alles lief viel zögerlicher. Ich mußte immer sehr auf der Hut sein, und von Zeit zu Zeit blickte ich mich wie erwachend um und dachte erschrocken: »Um Himmels willen – wo bin ich denn jetzt schon wieder gelandet? Das ist doch etwas ganz anderes – damit hätte ich niemals gerechnet …«

Laß dir nicht erzählen, so was gäbe es nur bei Frauen! Ich habe auch Männer gekannt, die mit solchen Situationen nicht zurechtkamen. Manchmal hatten sie es sogar *noch* schwerer, weil sie *noch* weniger damit gerechnet hatten!

Männer denken sowieso weniger über das Leben nach.

Über meinen Großvater gibt es die Geschichte, daß er eines schönen Sonntagmorgens – Oma lebte damals nicht mehr, und die meisten seiner Töchter waren bereits verheiratet –, daß Opa also einen Notruf per Telefon aussandte; drei oder vier seiner Kinder fingen ihn auf: »Wo seid ihr eigentlich alle? Ich sitze hier mutterseelenallein …«

»… mutterseelenallein« – das war hart. Man

müßte wirklich ein bißchen mehr Rücksicht auf Vater nehmen!

Schuldbewußt kamen sie angestürzt; und natürlich stellte sich heraus, daß – während er telefonierte – vier seiner Kinder im Haus waren. Aber er sah das eben anders: nur vier Kinder zu Hause – und das am Sonntagmorgen – war das nicht so gut wie ganz allein? Er war sich gerade erst der Tatsache bewußt geworden, daß er – als Mann – allein war; ein einsamer Mann.

Und so schleust einen das Leben von einer Phase in die andere. Die Menschen treiben um einen her – entfernen sich und kommen gelegentlich wieder ein kleines Stück näher.

Eigentlich ist es albern, sich immer wieder darüber zu wundern. Andererseits aber halte ich es auch für richtig, sich in dieser sich stetig ändernden Welt immer neu zu orientieren. Das merke ich auch jetzt, da meine Beweglichkeit (hoffentlich nur zeitlich) etwas beeinträchtigt ist und ich jeden Tag ausprobiere, wie weit ich damit bin: ob ich schon wieder etwas mehr kann oder ob ich doch besser etwas zurückstecken sollte …

Lebenskunst! Man lernt eben nie aus; es gibt immer wieder etwas zu bedenken.

Bis ein endgültiger Strich unter die ganze Sache gezogen wird.

Heleen

Liebe Taube –

mein Leben teilt sich in zwei Hälften: das Dasein *vor* dem Krieg – und das danach. Es glich einer Stromschnelle und teilte sich wiederum in zwei Lebenshälften: in meine Arbeitsjahre bei der Zeitung und in die Freiheit, die ich als Rentnerin genieße. Obwohl ich natürlich nie aufgehört habe, mit Papier und Bleistift oder an der Schreibmaschine zu arbeiten – du weißt es. Jetzt aber kann ich mir meine Zeit einteilen, wie ich will und nach meinem eigenen Dafürhalten. Ich genieße es immer noch, wenn Paul mich montagmorgens bei schönem Wetter anruft und zu einem Waldspaziergang einlädt.

Montagmorgen – frei und ungebunden und tun können, was man möchte: das ist heute, nach fünfundzwanzig Jahren, immer noch ein Fest für mich. Und wenn ich an die Zeit vor dem Krieg zurückdenke – vor allem an meine Jugendjahre – dann liegt das unendlich weit weg, es ist fast unwirklich geworden; nicht, weil es so lange her ist, sondern weil das Lebensklima so ganz anders war – nicht zu vergleichen mit dem Heute. Es ist, als läse ich in einem Jungmädchenroman oder als wüßte ich es nur aus Überlieferungen.

Weißt du noch, was ein »Jungmädchenroman« war? Es waren Bücher wie: ›Unter Mutters Fitti-

chen‹ von Louise Alcott oder ›Unter dem Reet-
dach‹ von Hille Garthé; nicht zu vergessen natürlich auch die ›Schulidylle‹ von Top Naeff.

Wie ich hörte, gibt es einen Verleger, der solche alten Bücher neu auflegen will. Eine gute
Idee! Unsere Generation wird sie mit großer Wie-
dererkennungsfreude lesen. Sie enthalten so viel
Bewahrenswertes vom Alltagsleben zu Beginn
dieses Jahrhunderts, mit seiner warmen Häuslich-
keit – mit den kleinen Freuden und Leiden, den
Kümmernissen und den Erwartungen der damaligen Erlebniswelt. Diese Art Bücher – die un-
schuldige Literatur, in die sich die »Backfische«
von damals (heute heißen sie »Teenager« oder
»Teenies«) mit Wonne versenkten – gibt es nicht
mehr.

Ach, wie wir das Gelesene verinnerlicht und
mit uns herumgetragen haben …

Vor Jahren einmal schrieb ich dir, daß ich bei
Marguerite Yourcenar folgenden Satz entdeckte:
»Die beiden wichtigsten Zeitabschnitte in unse-
rem Leben sind die Kindheit und das Alter.«

Ich merke immer mehr, wie richtig das ist: Es
sind die Zeiten, in denen man wirklich *lebt;* alles,
was dazwischenliegt, vergißt man – es verblaßt.

Ich glaube schon, daß wir beide die Endperi-
ode unseres Daseins sehr intensiv erleben.

Daß wir immer wieder das Bedürfnis haben,
uns gegenseitig zu schreiben, spricht doch dafür.

Und wenn ich uns betrachte und demgegenüber so manchen Altersgenossen in meiner Umgebung, dann weiß ich, daß die bekömmlichste Art des Alterns immer noch das Weiterarbeiten ist.

Nein – nicht einfach »beschäftigt sein«, sondern auf etwas Konstruktives hinarbeiten. »Beschäftigt« ist man als Selbstversorger und »Single« sowieso – es gibt ja jeden Tag etwas, das getan werden muß, »konstruktiv« aber nenne ich das, was über den häuslichen Horizont hinausgeht und meistens freiwillige Leistung ist. Du kennst sie auch – die Grauköpfe mit ihren kleinen Flitzern, die unermüdlich bereit sind, Hilfsbedürftigen in ihrer näheren oder weiteren Nachbarschaft als motorisierte Samariter beizustehen und sie zum Krankenhaus, zu einem Arzttermin oder einer anderen medizinisch notwendigen Anwendung zu kutschieren.

In ›Opzij‹* las ich ein Interview mit unserer Ministerin für Gesundheitsvorsorge Els Borst, in dem sie unter anderem ausführt:

»Einer der Vorteile körperlicher Arbeit ist der Umstand, daß man einfach keine Zeit hat, sich in kleinere oder größere Mißhelligkeiten zu vertiefen. Alten Leuten fehlt natürlich immer etwas, und wenn man nichts zu tun hat, meldet sich immer irgend etwas anderes. In Ausübung meiner

---

* Frauenzeitschrift (›Abseits‹)

Funktion begegne ich vielen alten Menschen, die noch mitten im Arbeitsleben stehen. Manchmal kommen sie humpelnd oder mit geschwollenen Händen an; wenn ich sie darauf anspreche, stellt sich oft genug heraus, daß ein echtes Leiden dahintersteckt, aber sie haben gar keine Zeit, sich damit zu befassen. Das ist es, warum ich eine Befürworterin geistiger und körperlicher Arbeit bis ins hohe Lebensalter hinein bin.«

Dieses Interview wäre es wahrhaftig wert, mehr Leuten unter die Augen zu kommen als nur den Lesern von ›Opzij‹!

Aber sie sagte noch etwas, das wir beide unterschreiben könnten:

»Der Status ›Freiwillige‹ wird allzu oft nur mit jungen Frauen, die sich der Betreuung Älterer widmen, in Verbindung gebracht. Es gibt aber auch noch genug Männer um die Fünfundsechzig oder älter, die fit genug wären, einem pflegebedürftigen Altersgenossen helfend zur Seite zu stehen.

Die neue Losung ›ALTE FÜR ALTE!‹ spricht mich sehr an!«

Wir sollten es von den Dächern rufen!

Ann

Liebe Ann –

ganz plötzlich befinde ich mich wieder mal innerhalb einer anderen Dekoration – mit neuen Sorgen.

»Ich will nicht, daß du hierherkommst!« rufe ich aufgebracht; und ich höre die Schwester erschrocken murmeln: »Will sie *wirklich* nicht, daß ihre Tochter sie besucht?«

Sie glaubt wahrhaftig, soeben eine Frau kennengelernt zu haben, die ihre Mutter nicht besuchen darf. Und dann lachen wir alle drei darüber.

»Ich will doch nur nicht, daß sie sich so anstrengt«, erkläre ich; und im selben Moment fällt mir auch die Antwort auf deinen Brief ein.

Nun – mein Leben ist immer noch ein Strom, und wenn ich krank bin, sorge ich mich immer, daß die Kinder sich zu viel um mich kümmern. Sie haben selber genug zu tun, und ich möchte nicht, daß sie in ihren täglichen Streß auch noch Krankenhausbesuche einbeziehen.

Es ist ernst geworden, Ann; und das bleibt auch so, wenn ich für eine Weile in gnädiges Nichts versinke und sich das Karussell des Krankenhausbetriebs über mir schließt.

Ich spüre, daß es um Leben und Tod geht, aber der TV-Zirkus (allein in diesem Zimmer drei Apparate!) überflutet uns mit seichten Spots und uferlosem Geschwätz.

Ich liege da und lasse mein Leben vor meinem geistigen Auge vorübergleiten, und ich spüre, wie mein Herz überquillt vor Zuneigung für alle, die mir nahestehen.

Trotz dieser schönen Gefühle aber bleibe ich, die ich bin und immer war; und eigentlich muß ich lachen, wenn ich mich mit der Nachtschwester darüber diskutieren höre, ob ich mich auf den »Po«* bemühen sollte oder nicht – oder wenn ich den Arzt, wenn er meinen Darm durchforscht, leise fragen höre: »Wo bin ich?«

Nein – es handelt sich nicht um ein Versteckspiel; der Doktor ist mit einem geheimnisvollen Gerät unterwegs durch meinen Darm, und die Schwester beobachtet auf dem Monitor seine jeweilige Position und gibt ihm genauen Bescheid.

»Wo bin ich?« Als spielten wir ›Mami und Papi im Hasenwald‹ ...

Ununterbrochen schwärmen neue Gesichter durch unsere Abteilung. Junge Frauen in entzükkenden rosa Kleidungsstücken und weißen Handschuhen schweben herein und machen »sauber«. Kleine Karren mit Getränken klirren durchs Zimmer – Ärzte, Schwestern, Besucher ... Ohne

---

* Toilettenstuhl

Unterlaß werden von Männern oder Frauen Betten durch die Flure gerollt.

Manchmal geht es mir ein bißchen besser. Ich habe einen eigenen Wagenpark – bestehend aus einem Po-Stuhl sowie einem hohen und einem niedrigen Laufgestell. Abends berate ich mit der Schwester, wo wir sie parken sollen. Ich habe immer Angst, sie könnten von allein wegrollen und ich könnte die Alarmklingel nicht erreichen.

Aber was meinst du wohl: Manchmal schmerzen meine Beine etwas weniger, und ich bewege mich, ohne zu lamentieren, und bin überhaupt der Meinung, eigentlich könnte ich auf mein Lager verzichten!

Ach ja – ich lerne es eben nie.

Heleen

Liebe Taube –

wenn du jetzt auch schon länger, als dir lieb ist, keinen größeren Lebensraum mehr hast als dein Krankenbett (und vorausgesetzt, daß dich die Bestie »Schmerz« nicht in ihren Klauen hält): dein heimlicher Spaß an komischen Situationen ist dir geblieben. Ich sehe es vor mir wie ein Schattenspiel: das unaufhörliche Vorbeiströmen von Nonnen, Ärzten, Pflegern und rosa Reinemachefrauen, von rollenden Betten und klirrenden Speisekarren.

Der Fernseher am Fußende deines Bettes überschüttet dich mit dem Chaos dieser Welt, und der Arzt nimmt mittels abartiger Techniken ein Video von deinem Innenleben auf.

Als ich deinen Brief gelesen hatte, überkam mich so etwas wie ein Schuldgefühl, weil ich immer noch fest auf meinen Beinen stehen und sie bewegen und damit gehen kann, wohin ich nur will.

Ach, warum ist die Technik nicht in der Lage, die menschliche Energie wie eine geistige Transplantation von einem Menschen auf den anderen zu übertragen!

Aber gottlob bringst du es immer noch fertig, dich zu behaupten und schriftlich zu fixieren, was dir wichtig scheint – wie damals, weißt du noch?

Du hattest deinen Arm gebrochen, und trotz strengen ärztlichen Verbotes hast du es immer wieder geschafft, ein Stückchen bleistiftbewehrter Hand aus dem Gipsverband zu wursteln und zu notieren, was festgehalten werden mußte.

Krankenhäuser scheinen mir wirklich nicht die ideale Umgebung für Ruhebedürftige zu sein. Früher verordnete man Leuten mit angeschlagener Gesundheit Ruhekuren – irgendwo draußen in der Natur, erinnerst du dich? Wochenlang konnte man von einer bequemen »Chaiselongue« aus die Tage an sich vorüberziehen lassen – friedvoll und ungestört ...

Heute kommt mir das vor wie ein schönes Märchen.

Meine eigenen Erfahrungen mit Krankenhäusern gehen auf die fünfziger Jahre zurück.

Damals gab es, Gott sei Dank, noch kein Fernsehen – und es gab auch keine »Intensiv-Nachsorge« mit Schläuchen in der Nase. Stell dir vor: Als ich nach einer ziemlich schwierigen Operation aus der Narkose erwachte, erblickte ich als erstes das freundliche Gesicht einer Nonne; sie saß da mit einem Strickzeug in den Händen – bereit, es jederzeit beiseite zu legen und mir Trost und Hilfe jeglicher Art zuteil werden zu lassen.

Solche Erinnerungen führen einem schockartig vor Augen, in was für einer veränderten, unmenschlichen Welt wir heute leben: jede Menge medizinischer Apparate – doch ohne die wohltuende Wärme von Hand oder Herz.

Demnächst werde auch ich dran glauben müssen, aber ich hoffe: nicht länger als für einen Tag; es geht um eine Star-Operation. Der Gedanke ans Krankenhaus macht mir zwar keine Freude, aber Lesen wird mir langsam zu anstrengend – man vergeudet zu viel Energie damit.

Ich schrieb dir ja kürzlich schon darüber. Die grandiosen Erneuerungsmöglichkeiten der lädierten Sehkraft bedeuten für Senioren sehr viel: Sie behalten den visuellen Überblick über das Tagesgeschehen und können dadurch auch ihre wichtige Stellung innerhalb der Volksgemeinschaft ausfüllen. So gesehen, handelt es sich hierbei wirklich um eine der segensreichen Seiten der modernen Technik.

Ich sehe im Geiste immer noch meinen kaum achtzig Jahre alten Großvater am Tisch sitzen und – bewaffnet mit einem schweren, viereckigen Vergrößerungsglas – die Tageszeitung buchstabieren. Was für ein Schreck muß das früher gewesen sein, wenn man auf einmal alles nur noch wie durch einen Schleier wahrnehmen konnte! Heute weiß man wenigstens, daß Abhilfe geschaffen werden kann.

Ich werde also meinen ganzen Mut zusammennehmen und mir einen Termin geben lassen; es ist und bleibt natürlich ein Risiko. Bei einer früheren

Kollegin – gleichfalls hoch in den Achtzigern – saß die eingesetzte Kontaktlinse schief – »... aber«, sagte sie tapfer, »mit dem anderen Auge kann ich prima sehen!«

Meine Mutter – sie war damals bereits siebzig – war eine der ersten, die den Versuch gewagt haben. Es lief alles noch recht primitiv – während des tagelangen Aufenthalts in der Klinik wurde die gesamte Augenlinse entfernt und durch ein Brillenglas ersetzt (verlier also nie deine Brille, sonst hast du ein Auge weniger!).

Über meine Mutter kursiert die Sage (aber wir sind ja eine Familie von Übertreibern und Spöttern!), daß, als eine ihrer Töchter sie besuchte und Mutter just zum ersten Mal ihre neue »Brille« trug, sie entgeistert ausgerufen habe: »Och Kind – was bist du häßlich!«

Ich bin gespannt, wie ich selber reagieren werde, wenn ich mich durch meine neue Linse (ungetrübt und nicht geschmeichelt also) im Spiegel erblicke ...

Deine eitle Ann

Liebe Ann –

das mit dem »Schattenspiel« hast du richtig nett ausgedrückt. Jetzt bringen mich die vielen Nachrichten und Zeitungsmeldungen zum Thema »Kriegsende« auf ein anderes Schattenspiel – 50 Jahre alt: Wir füttern unser Notöfchen mit Kleinholz; es qualmt, und die frischgewaschenen Windeln sind im Nu dunkelgrau.

Nachher machen wir uns auf den Weg zur »Weesperzij« und hacken Holzsplitter aus den Trambahnschwellen; schon seit Monaten füttern wir unseren kleinen Eisenofen damit. Der Schienenweg ist kaum noch begehbar – zwei ältere Damen mit breitrandigen Hüten auf dem Kopf helfen sich gegenseitig darüber hinweg. Ihre Einkaufskörbe sind halbvoll mit Holzgetrümmer, sie nicken einander hochzufrieden zu. Zunächst fuhr die Bahn noch, aber jetzt ist es still um sie geworden. Die Polizei versucht uns trotzdem jedesmal wegzujagen.

Unser kleiner Junge lag schon seit einer Woche im Krankenhaus; wenn Fliegeralarm war, machten wir uns natürlich Sorgen. Ich erinnere mich noch gut an den ersten Fliegeralarm; er setzte kurz nach der Geburt ein, und ich wollte entsetzt aus dem Wochenbett fliehen. Damals mußte man nach der Niederkunft ja stocksteif liegenbleiben, und ich wünschte, ich hätte mein Kind noch im Bauch und könnte mich mit ihm in Sicherheit bringen.

Mittags pochte jemand an unsere Tür und bat um eine Kartoffel. Bob und ich hatten schon ein paarmal durchgerechnet, was eine Kartoffel kostete, und wir hatten beschlossen, keine mehr zu verschenken. Aber es gab immer wieder einen guten Grund, unseren Entschluß zu revidieren.

Bob besaß eine Petroleumlampe, die er gegen Weizenmehl eintauschte. Beide Parteien waren mit dem Geschäft zufrieden. Bob war überhaupt eine wichtige Mittelsperson, und alle Leute (außer mir) fanden, er mache alles richtig.

»... und wo kriege ich jetzt Licht her?«

»Ich habe eine Karbidlampe«, tröstete er, »Karbid dafür können die Jungs besorgen.«

Die »Jungs« – das waren Untergetauchte, die allerlei häusliche Gelegenheitsarbeiten verrichteten.

Ich fürchtete mich vor der Karbidlampe – sie fauchte und knatterte, als wollte sie jeden Augenblick auseinanderfliegen; was nämlich durchaus möglich ist. Später hatten wir eine Zeitlang Öllichtchen, und dann bekamen wir Gott sei Dank wieder eine schöne ruhige Petroleumlampe.

Eine Frau kam mit einem schweren Koffer. »Den würde ich gern hierlassen«, sagte sie ängstlich. Es lag ein zerlegtes Gewehr darin, und ich schickte sie wütend weg. »Keine Waffen!« hatte ich von den Verweigerern gelernt, die zwar helfen, gleichzeitig aber auch die Gefahr einschränken wollten. Später bereute ich mein Handeln, denn wo sollte sie mit dem Ding bleiben? Und natürlich war Bob wieder nicht zu Hause. Er wohnte zwar bei uns, aber aus unerfindlichen Gründen war er nie da, wenn etwas Schwieriges passierte.

Als er mitten in der Nacht heimkam, erzählte er mir, das Land um die Stadt herum solle geflutet werden. Wir beschlossen, unser Kind aus dem Krankenhaus wegzuholen. Wenn solche Gefahr drohte, wollten wir sie lieber zusammen durchstehen. Nach dem Frühstück gingen wir es holen.

»Was für ein hübsches Mäntelchen!« sagte die Schwester.

Vor Jahren hätte man gesagt: »Was für ein Schatz von einem Baby ...«

Unten in der Halle machen unsere Söhne Eric und Jan einen Höllenlärm. Sie fahren Klein Bob und Hein auf dem Gepäckträger hin und her und singen »Fietsen op de heide ...«*, und Heintje protestiert wütend: »Polißei ... boten!« Er weiß, daß dieses Lied verboten ist, aber genau das ist es, was ihnen einen Heidenspaß macht.

Als ich nach dem Essen ins Schlafzimmer gehe

---

* »Radeln über die Heide ...«

und unserem mageren Baby sein Fläschchen gebe, kommt Bob mir nach und sagt leise: »Im Hotel ›De Wereld‹ haben die Alliierten eine Konferenz anberaumt; Prinz Bernhard ist auch schon eingetroffen.«

Ich frage ihn nicht, woher er das weiß. Immer wieder sickern Gerüchte durch, an deren Richtigkeit ich nicht zweifle.

Bob setzt sich neben mich aufs Bett. Wir schweigen beide – aber dies war für uns der Augenblick, da der Krieg vorbei war. Ein Geheimnis, das man noch mit niemandem teilen durfte …

Heleen

Liebe Taube –

der Hungerwinter – ach ja; er hat sich in uns fest-
gesetzt wie Rost. Er hat uns damals das Äußerste
an Durchhaltevermögen, an Erfindungsreichtum
und am Ertragen von Entbehrungen abverlangt.
Wer es nicht am eigenen Leibe erfahren hat, kann
es sich gar nicht vorstellen – die schäbige Ver-
kommenheit jener Tage geht über jedes Fassungs-
vermögen hinaus.

Ich habe den fortschreitenden Verfall Tag für
Tag notiert, und die fünf kleinen, vollgeschrie-
benen Notizblöckchen sind inzwischen verviel-
fältigt und an alle Freunde und Bekannte, die
darin vorkommen, verschickt worden. Wer sich
darin wiedererkennt – verschlingt es geradezu,
und selbst die Jungen lesen es mit Begeisterung, obwohl sie sich von den damaligen Zu-
ständen überhaupt kein Bild machen können.
Letzteres wurde mir vor ein paar Jahren klar,
als mich zwei Schüler von etwa zwölf Jahren baten, ihnen für einen Schulaufsatz mit
spezifischen Einzelheiten über jene Zeit auszu-
helfen.

Ich erzählte ihnen von dem, was für die Menschen damals *das* Erlebnis war: die Nahrungsmit-
tel-»droppings« der Kanadier.

Wenn ich darüber berichte, habe ich nach wie

vor mit meinen Tränen zu kämpfen; so auch bei jener Unterhaltung.

»Aber …«, sagte der eine baß erstaunt, »wenn ihr nichts zu essen hattet, warum seid ihr denn nicht einfach zu Albert Heijn* einkaufen gegangen?«

Es war die spontane, ganz normale Reaktion eines Kindes aus seiner eigenen Erlebniswelt heraus.

Wie hätte ich ihm schlüssig erklären können, daß es 1945 oder davor überhaupt noch keine Supermärkte gab, daß sie nicht einmal erfunden worden waren!

Ich sah im Geiste die vielen kleinen Läden vor mir, mit denen wir immer ganz zufrieden gewesen waren – und begriff auf einmal klarer denn je, was für einen gewaltigen Sprung nach vorn unser Leben getan hatte; wir Alten waren in eine total neue Welt befördert – nein: *geschleudert* worden! Wir haben uns angepaßt – notgedrungen, und zuweilen auch gegen bessere Einsicht.

Die ausgelassene Freude am fünfzigsten Jahrestag der Befreiung hat viel Verschüttetes wieder an die Oberfläche geschwemmt.

Irgendein Verein schickte mir einen Prospekt, darin sich jemand Gedanken über die unverhoff-

---

* große Lebensmittel-Kaufhauskette, die vor dem Krieg auch schon als Einzelhandelsläden bestand

ten Veränderungen macht. Der Name des Vereins ist mir leider entfallen – den Umschlag mit Anschreiben habe ich sofort »entsorgt« (man kriegt ja immer so entsetzlich viele Drucksachen aufgenötigt) – zurückbehalten habe ich nur eine »Liste« mit der Überschrift:

»ÜBER DAS BEWUSSTWERDEN GESPROCHEN …
Für alle, die *vor* 1945 geboren worden sind.«

(Ich zitiere einige Passagen für dich. Sehr witzig!)

»Wir sind die Überlebenden!

Wir waren bereits *vor* dem Fernsehen da, vor dem Penicillin, der Polio-Impfung, der Tiefkühlkost, den Kopierapparaten, dem Plastik und der Pille.

Wir waren schon auf der Welt, als es noch kein Radar, keine Kreditkarten, keine Atomspaltung, keine Kugelschreiber, Panties, Wäschetrockner, elektrische Bettdecken und kein Aircondition gab und bevor der erste Mensch auf dem Mond herumspazierte.

Männchen und Weibchen zogen erst dann zusammen, wenn sie geheiratet hatten (wie altmodisch!). In unserer Jugend waren Käfer keine Volkswagen, sondern Insekten, und eine ›Entzündung‹ hatte noch nichts mit elektronischen Geräten zu tun.

Zu unserer Zeit bedeutete das Wort HEMA: Holländisches Einheitspreis-Magazin, und eine

Uhr kostete bei der HEMA einen Gulden. Eine Portion Eis gab's für drei, fünf oder zehn Cent – Briefporto machte siebeneinhalb Cent, und ein neues Auto kostete tausend Gulden; was sich aber kaum jemand leisten konnte. Benzin kostete pro Liter zehn Cent.

Zigaretten zu rauchen war in jener Zeit schick und interessant. Ein ›Pott‹ war etwas, in dem man kochen konnte, und Aid(s) war das englische Wort für Hilfsgeräte oder Hilfeleistung, ›relation‹* war eine Geschäftsverbindung und hatte nichts mit dem Bett zu tun. ›Last-relaties‹ kannten wir nicht. Wir wußten nicht, was ›Essen aus Automaten‹ war; ›Grass‹ bedeutete Gras, die Farbe rosa hatte zumeist mit Babies zu tun und ›homo‹ bedeutete ›Mensch‹.

Wir waren zwar nicht vor der Entdeckung der unterschiedlichen Geschlechtlichkeit auf der Welt, wohl aber vor der Zeit, da man sein Geschlecht ändern konnte; bis dahin mußten wir uns mit dem behelfen, was wir hatten oder waren.

Wir sind die letzte Generation, die noch daran glaubt, daß man zum Kinderkriegen einen Mann haben müßte.«

Kein Wunder, daß wir manchmal so verwirrt sind und daß es diese Generationenkonflikte gibt.

Dennoch: Wir beide haben es überlebt; auch

* Beziehung

wenn es uns zuweilen ein gerüttelt' Maß an Selbstverleugnung gekostet hat.

Und das war's dann.

Auf bald!

Deine Ann

p. s.: Wenn du wieder zu Hause bist, können wir gottlob wieder nach Herzenslust miteinander telefonieren. Ich vermisse es sehr! Ich wünsche dir Kraft und Vertrauen – soviel immer du brauchst. Ich freue mich schon jetzt darauf, dich in Begleitung meines hilfreichen Werkstudenten zu besuchen, sobald du uns ertragen kannst.

Deine Ann

p. p. s.: Ein Geistesblitz:

Wir sind zwar von früher – aber nicht von gestern!

Nachwort

Ihre beiden letzten Briefe schrieb Heleen Swildens im Krankenhaus; sie war dort eingeliefert worden, weil unerträgliche Schmerzen ihr Leben unmöglich machten.

Eine heimtückische Krankheit hat sie uns weggenommen – eher, als sie selbst und wir alle gedacht hätten.

Bei ihrem Begräbnis wurde in Gegenwart ihrer Kinder, ihrer Verwandten und ihrer Freunde Anne Biegels letzter Brief an ihre Freundin, die sie »Duif«* nannte, vorgelesen:

---

* Zur Entstehung dieser Beziehung: siehe Band 1, ›Wo ist denn meine Brille?‹ (Salzer/<u>dtv</u>)

Liebe Taube –

dies wird mein letzter Brief an dich; betrachte ihn als Salut ins Jenseits, wo du jetzt bist.

Wir waren so oft gemeinsam auf Reisen, Heleen, aber diese Reise hast du allein angetreten. Ich werde bald nachkommen – es wird bestimmt nicht lange mehr dauern, denn mit fast neunzig Jahren ist das ja nicht anders zu erwarten. Bis dahin aber muß ich ohne dich auskommen, und das ist ein großer Verlust für mich – es macht mich ärmer.

Wir kannten uns mehr als vierzig Jahre, aber in den letzten acht waren wir durch unseren Briefwechsel enger miteinander verbunden als je zuvor.

Wir waren wie ein Gewebe auf dem Webstuhl des Lebens: Hin und Her, Kette und Schuß, drunter und drüber. Und plötzlich ist das Webstück gerissen, und das Leben ist leer. Erst jetzt wird mir das Ausmaß bewußt, in dem wir uns gegenseitig inspiriert haben; es war wie eine unerschöpflich sprudelnde Quelle.

Du und ich – wir waren zwei ganz unterschiedliche Naturen; aber vielleicht war es just das, wodurch wir uns so wunderbar ergänzten.

Du hast es nie hören wollen, aber jetzt darf ich endlich einmal sagen, wie sehr ich dich bewundert habe; nicht nur wegen deines Schreibtalentes und deines umfassenden Wissens, sondern auch wegen deiner Bescheidenheit und wegen der Leichtigkeit, mit der du verschenken konntest, was dir gehörte; auch dich selbst. Ich nannte dich eine »Durchgangsstation«.

Jetzt treibe ich hilflos in einem Meer von Erinnerungen und weiß mir keinen Rat. Aber ich will dir gegenüber nicht zu guter Letzt noch rührselig werden – obwohl wir bei erschütternden Erlebnissen hinter dem Eisernen Vorhang* auch schon mal gemeinsam in Tränen ausgebrochen sind.

Was sich jedoch aus diesem Ozean durcheinanderwirbelnder Ereignisse herauskristallisiert, ist die übergroße Dankbarkeit dafür, daß wir soviel Zeit und Gelegenheit hatten, gemeinsam das Leben begreifen zu lernen und in Zeitschriften und Büchern darüber zu berichten. Und daß wir – alt und immer älter werdend – auch unseren physischen Abbau nicht verdrängt oder verschleiert, sondern uns zuweilen sogar heimlich darüber amüsiert haben; vielleicht war es für unsere Leser ein wenig Trost und Hilfe – für uns beide war es das bestimmt.

* bei gemeinsamen Reisen in die damalige Sowjetunion

Dank für deine Freundschaft, Heleen, und Dank für unsere wunderbare Verbundenheit, die auf immer bestehenbleiben wird.

Deine Ann

Im Gedenken …

Es wird das letzte Buch in dieser Reihe sein. So sei es mir – der scheinbar Außenstehenden – erlaubt, ein Wort über meine persönliche Beziehung zu den beiden Autorinnen zu sagen.

Annes und Heleens Betrachtungsweise der Dinge an sich unterscheidet sich voneinander. Wenn ich dem Wort »Antipoden« eine treffende Deutung geben möchte, dann fallen mir diese beiden Frauen ein. Der einzelne »Pode« bedeutet ja nicht viel – er braucht sein Gegenstück, um seine eigenen offenen Fragen zumindest für sich selber beantworten zu können; der Mensch ist nun einmal ein unvollkommenes Wesen.

Doch weder Anne noch Heleen machen es sich dabei leicht, und wenn sie trotzdem einen Konsens finden, dann nur, weil sie sich gegenseitig achten, weil sie Verständnis füreinander haben und weil sie jene Art der gegenseitigen Zuneigung hegen, wie sie nur zwischen Menschen gleichen Sinnes gedeiht.

Was aber keineswegs heißt, daß sich die eine den Standpunkt der anderen nur um des lieben Friedens willen zu eigen macht; der geneigte Leser kann es auf nunmehr insgesamt 660 kurzweiligen Seiten nachlesen.

Anne nennt Heleen in der Anrede »Duif«

(Taube). Das hängt mit einer journalistischen Reise ins damalige Leningrad zusammen, wo Heleen eine freundliche kleine Russin nach dem Weg fragte und die Auskunft erhielt: »... immer geradeaus, mein Täubchen ...«

Heleens Äußeres war mir vom Umschlagfoto des ersten Briefwechsel-Buches ›M'n bril in de ijskast‹* bekannt: ein herbgezeichnetes Antlitz, glattes, kurzgeschnittenes Haar, dicke Brillengläser, dahinter Augen, die dem Fotografen gegenüber zu sagen scheinen: »Du bist mir unsympathisch.« Was – wie ich später erfuhr – tatsächlich so war. Es war einfach nicht die Stellung, in der sie fotografiert werden wollte. Und jedenfalls war es kein *glamour picture*.

Als wir uns dann zum ersten Mal trafen – in einem gemütlichen Café-Restaurant mit gedämpfter Musik mitten in der Stadt Arnhem, da dachte ich überrascht: »Das ist doch ein ganz anderes Gesicht!«

Nach einer beachtlichen Reihe von »kopjes koffie«, Apfeltorte, einem »Advokaatje« mit Sahne und lockerem Klönschnack über Gott und

* sinngemäß: ›Meine Brille liegt im Kühlschrank‹. Als Übersetzung unter dem Titel: ›Wo ist denn meine Brille?‹ im Salzer-Verlag, Heilbronn, und im Deutschen Taschenbuch Verlag, München, erschienen. Das betreffende Foto gibt es nur auf der niederländischen Buchausgabe – Heleen hat es glühend gehaßt!

die Welt machten wir uns auf den Heimweg, ohne auch nur ein einziges Wort über das Buchprojekt verloren zu haben, wozu wir uns eigentlich verabredet hatten. Kurz vor Abfahrt meines Zuges – ihrer fuhr fünf Minuten später vom anderen Gleis ab – gab sie mir rasch einen Kuß auf die Wange; einfach so. Und ich vergaß vor lauter Überraschung, die herzliche Geste zu erwidern.

Später haben wir oft miteinander telefoniert – zumeist über Fragen zum Buch. Was mich dabei bewog, sie »Heleentje« zu nennen – ich weiß es nicht; eigentlich bot sich rein gar nichts zum »Verniedlichen« bei ihr an. Vielleicht war es ihre Stimme. Sie hörte sich an, als spräche sie mit geschlossenen Augen – nur auf das konzentriert, was sie ausdrücken wollte; sie formulierte einfach und klar, dennoch nicht ohne Gefühl und immer mit genügend Raum für ein kleines Lachen zwischendurch. Oder auch umwerfend schüchtern, wenn sie um etwas bat; um die Übersendung einer nur in deutscher Sprache erscheinenden Anglerzeitschrift für ihren Sohn Bob etwa (kein Problem für mich!). Sie besaß die Bescheidenheit, wie sie echter Seelengröße zu eigen ist.

Wobei man wohl davon ausgehen muß, daß sich so schöne Charakterzüge erst mit zunehmender menschlicher Reife zu zeigen pflegen. Als Schülerin, so behauptet Heleen, habe sie sich leidenschaftlich gewünscht, eine Kämpfende zu sein – frei nach der (ihr verhaßten) Pflichtlektüre von Schillers Glocke: *»Der Mann muß hinaus ins feindliche Leben ...«*

Da aber der Mensch denkt und Gott lenkt, heiratete sie – eine strenggehütete Tochter aus gutem Haus – den Nachbarsjungen Bob Swildens, mit dem zu spielen ihr als Kind aus »fürsorglichen« Gründen verboten war. Als ihr erstes eigenes Baby kam (es wurden insgesamt vier), gelangte sie zu der Einsicht, daß Männer doch die besseren Prototypen für *»... hinaus ins feindliche Leben«* seien. Später war sie eine leidenschaftliche Oma, die ihre Enkel nach Strich und Faden verwöhnte. Und sie war auch ein großer Beatle-Fan. Wenn sie mit den Zwillingen und deren Mama zum Supermarkt fuhr und Mama für eine Zeitlang darin verschwand, übten Oma und die Zwillinge (Mädchen/Junge) mit unterschiedlichem Talent und Durchsetzungsvermögen die neuesten oder auch ältere »Hits«: *»... let it be – let it beee ...«* oder *»... love was such an easy game to play ...«*

Im Gegensatz zu Heleen war Anne von Schillers ›Glocke‹ regelrecht begeistert, und sie flocht – wenn auch nur in Gedanken – allzu gern »himmlische Rosen ins irdische Leben ...«

Sie, die so gern Großmutter geworden wäre, hat nie geheiratet. Enkelkinder zum Verwöhnen mußte sie sich von anderen Leuten borgen, und auch so manch anderer Herzenswunsch erfüllte sich nicht für sie; so bekam sie nie die sehnlichst gewünschte Kammerfrau oder den Butler, nicht einmal den gemütlichen Ohrenbackensessel mit eingebautem Schwenkarm für eine duftende Tasse Tee.

Anne stand zweiunddreißig Jahre lang als Reporterin mit beiden Füßen im »feindlichen Leben«. Sie befaßte sich mit Themen wie: ›Hilfe bei Raubüberfällen‹, ›Späte Liebe‹, schrieb über das Nachlassen des Gedächtnisses, alternative Wohnmodelle (immer im Gedankenaustausch mit Heleen), über Euthanasie und Begräbnisbräuche, sie ging auch auf Probleme der Frauen im Schatten ein, der »Mätressen« oder Zweitfrauen, und hat keine Scheu, die Dinge beim Namen zu nennen.

Aber sie träumt sich auch mit Wonne in ihre Jungmädchenromane zurück oder freut sich kindlich auf einen Waldspaziergang mit einem Mann namens Paul – an einem freien Montagmorgen …

Und als Geistesblitz (es gehen ihr eine Menge davon durch den Sinn!) formuliert sie kämpferisch am Schluß eines Briefes: »*Wir Alten sind zwar von früher – aber wir sind nicht von gestern!*«

Ach, ich liebe sie beide.

Für Anne ist Heleens Tod ein unersetzlicher Verlust – ich verstehe sie nur zu gut. Sie hat ihr WIR verloren, unwiederbringlich. In ihrem Brief an mich drückt sie es sehr verhalten aus: *» Vorbei die Freude, uns gegenseitig inspirieren zu können ...«*

Weiter unten im Brief schreibt sie aber auch: *»... doch was für eine Genugtuung, unser drittes Buch in Deiner Hand zu wissen ...«*

Mag es auch meine einzige Rolle in Annes und Heleens Leben gewesen sein, Mittlerin ihrer großartigen Briefe zwischen ihnen und einer kultivierten deutschsprachigen Lesergemeinde zu sein: Es macht mich froh und dankbar, versichert es mir doch, daß ich sie beide verstanden habe.

Außerdem hoffe ich von Herzen, sie irgendwann – irgendwo wiederzusehen.

Hanne Schleich

Hinweise auf das, was sie bewegte

In der gleichen augenfreundlichen Schrift
bei <u>dtv</u> erschienen:

Anne Biegel / Heleen Swildens
Wo ist denn meine Brille?
Briefwechsel zweier Frauen über das Älterwerden
Deutsch von Hanne Schleich
<u>dtv</u> 25100

Anne Biegel / Heleen Swildens
Mitreden ist Gold
Anne und Heleen setzen ihren Briefwechsel
über das Älterwerden fort
Deutsch von Hanne Schleich
<u>dtv</u> 25107

Anne Biegel / Heleen Swildens
Lust und Plage der späten Tage
Neue Briefe der Autorinnen von
›Wo ist denn meine Brille?‹
Deutsch von Hanne Schleich
<u>dtv</u> 25145

»Die beiden Autorinnen wagen eine tabufreie
Bestandsaufnahme der Probleme alter Menschen.
Ein ernsthaft-heiteres Buch für Alte und Junge.«
Utz Utermann in der ›Hörzu‹

In der gleichen augenfreundlichen Schrift
bei dtv erschienen:

Viele schöne Tage
Ein Lesebuch
Zusammengestellt von Helga Dick
und Lutz-W. Wolff
dtv 25126

Vierzehn ungewöhnliche Erzählungen.

»Schöne Tage – man wünscht sie anderen, und man wünscht sie sich selbst. Manche schönen Tage scheinen vorprogrammiert: Hochzeiten, Jubiläen, Geburtstage und natürlich der Urlaub. Aber wer sich selbst besser kennt, weiß auch, daß es oft die unauffälligen Stunden sind, die Glück und Zufriedenheit ausmachen, die seltsame Begegnungen und Überraschungen bringen und am Ende das Leben verändern. Einige dieser Augenblicke sind hier festgehalten von Madison Smartt Bell, Heimito von Doderer, Barbara Frischmuth, Peter Härtling, Marlen Haushofer, Franz Hohler, Hanna Johansen, Marie Luise Kaschnitz, Roland Koch, Siegfried Lenz, Margriet de Moor, Isabella Nadolny, Herbert Rosendorfer und Christa Wolf.